Gabriele Hasmann

Wien zu zweit

Gabriele Hasmann

Wien zu zweit

Magische Momente, romantische Plätze und zauberhafte Geschichten

Der Goldegg Verlag achtet bei seinen Büchern und Magazinen auf nachhaltiges Produ-
zieren. Goldegg Bücher sind umweltfreundlich produziert und orientieren sich in Ma-
terialien, Herstellungsorten, Arbeitsbedingungen und Produktionsformen an den Be-
dürfnissen von Gesellschaft und Umwelt.

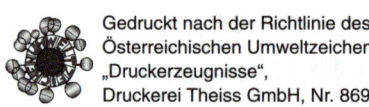 Gedruckt nach der Richtlinie des
Österreichischen Umweltzeichens
„Druckerzeugnisse",
Druckerei Theiss GmbH, Nr. 869

 MIX
Papier aus verantwor-
tungsvollen Quellen
FSC® C012536

ISBN Print: 978-3-902991-56-0

© 2015 Goldegg Verlag GmbH
Friedrichstraße 191 • D-10117 Berlin
Telefon: +49 800 505 43 76-0

Goldegg Verlag GmbH, Österreich
Mommsengasse 4/2 • A-1040 Wien
Telefon: +43 1 505 43 76-0

E-Mail: office@goldegg-verlag.com
www.goldegg-verlag.com

Layout, Satz und Herstellung: Goldegg Verlag GmbH, Wien
Druck und Bindung: Theiss GmbH

Übersicht

Inhaltsverzeichnis

Wien zu zweit

Verzeichnis der Orte

Wien zu zweit

Wien zu zweit

Ein Spaziergang durch die Altstadt mit ihrem verwinkelten Gassenlabyrinth und den malerischen Innenhöfen, eine Fahrt mit der Bim über die verschneite Ringstraße mit ihren hell erleuchteten Bauten oder ein Ausflug auf einen Weinberg mit Blick über das im Abendlicht rotgolden leuchtende Dächermeer ... die optischen Eindrücke verwoben mit zahlreichen wunderschönen Lovestorys – das sind sie, die magischen Momente, romantischen Plätze und zauberhaften Geschichten, die Wien verliebten Pärchen zu bieten hat.

Ob Einwohner oder Gast, es gibt in dieser vielseitigen Stadt immer wieder idyllische Orte zu entdecken, die man noch nicht kennt, an welchen man der Vergangenheit begegnet oder von der Zukunft träumt und wo sich die Herzen der Menschen noch weiter öffnen als anderswo. Das liegt vermutlich an der Tatsache, dass Wien unkonventioneller, lebendiger und bunter ist: Da gibt es die Barockfassade des alten Kaffeehauses neben der Glaswand der Szene-Bar und den Würstelstand neben der Kebab-Bude. Darsteller auf großen Bühnen faszinieren ihr Publikum ebenso wie Kleinkünstler im Kellerlokal. Man sieht grüne Parks, rote Straßenbahnen, das Schönbrunner-Gelb, die blaue Donau ...

Auch eine Hochzeit lässt sich in Wien besser feiern als irgendwo anders auf der Welt, etwa märchenhaft mit einem Hauch Star-Appeal im Schloss Schönbrunn, verträumt mit exotischem Flair im Schmetterlingshaus oder nostalgisch mit Stil in der Oldtimer-Straßenbahn.

Dieses Buch ist den Menschen gewidmet, die gerade frisch verliebt auf Wolke Sieben durchs Leben schweben und ihre Umwelt mit Weichzeichner gesoftet und regenbogenbunt wahrnehmen, aber auch all jenen, die sich in einer bereits länger dauernden Beziehung befinden, schon wieder Bodenhaftung haben und mit Scharfblick auch die Grautöne akzeptieren.

Kleine gemeinsame romantische Ausflüge und Abenteuer gehören einfach dazu – sowohl zum Start in eine aufregende Zeit zu zweit, um dieser den gewissen Kick zu verleihen, als auch zum partnerschaftlichen Alltag, aus dem man ausbrechen sollte, so oft es möglich ist. Sie eignen sich außerdem hervorragend für eine Versöhnung, wenn es zwischen zwei Menschen ordentlich gekracht hat, sich die Wolken aber langsam wieder verziehen.

Ich biete in diesem Buche einen Überblick über die besten Stadterlebnisse für Verliebte, inklusive historischer Hintergründe und praktischer Tipps, jedoch ohne Anspruch auf irgendeine Art von Vollständigkeit – da es sich um eine Sammlung subjektiv für passend gehaltener Örtlichkeiten von mir und einigen Wien-Kennern handelt. Diese beinhaltet einerseits längst bekannte, aber dennoch unbedingt sehenswerte Locations, andererseits Insider-Empfehlungen. Sie finden in den einzelnen Kapiteln Plätze in der Natur genauso wie bestimmte Stellen mitten in der City, Empfehlungen zur Unterhaltung, wie auch Vorschläge für schaurig-schöne Erlebnisse sowie einige Lokale und Hotels und abschließend fünf Romantik-Routen durch die Stadt.

Und nun viel Spaß beim Lesen und gemeinsamen Erkunden der romantischsten Plätze von Wien und Kennenlernen der schönsten Lovestorys der Stadt!

Ihre Gabriele Hasmann
www.wunschtext.at
de.wikipedia.org/wiki/Gabriele_Hasmann
www.wikipedia.at/Gabriele_Hasmann

Zur Erklärung:
Wenn nicht anders angegeben, sind bei den Öffnungszeiten der Institutionen oder Lokale Feiertage gleichbedeutend mit Sonntagen.

Übersichtskarte und Routenplaner Wien

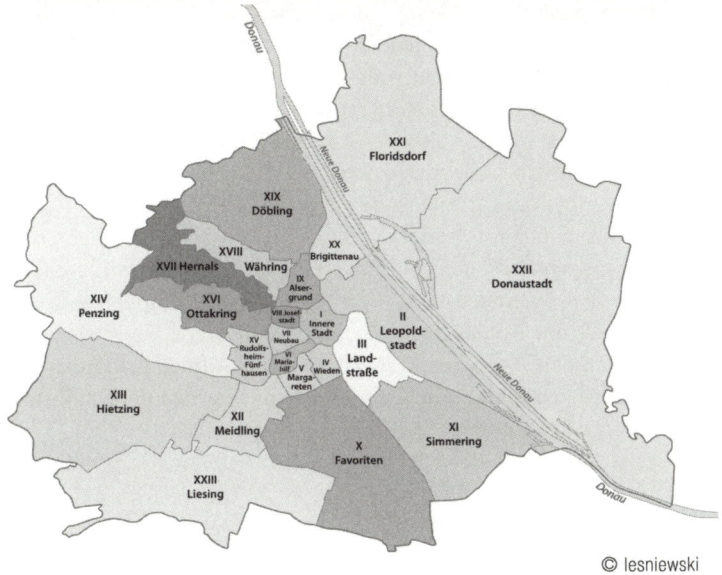

© lesniewski

Online finden Sie in Wien auf dieser Website der Wiener Linien www.wienerlinien.at unter dem Reiter „Route" rasch Ihr gewünschtes Ziel.

Natur bei Tag und bei Nacht

*Liebe ist Offenbarung, sie fühlt den geheimen
Herzschlag der Natur, denn sie ist eins mit ihr.*
ARTHUR STAHL, PSEUDONYM FÜR VALESKA VOIGTEL-
BOLGIANI, DEUTSCHE SCHRIFTSTELLERIN, 1830–1876

Beim gemeinsamen Erkunden der Natur erleben Verliebte die
schönsten Momente zu zweit – inmitten bunter Wiesen und ver-
träumter Wälder, am beschaulichen Ufer eines Gewässers oder
beim Spazieren durch einen romantischen kleinen Park ist man
dem anderen so nah wie sonst nirgendwo. Die frische Luft bringt
die Glückshormone zum Tanzen, und der betörende Duft der
Blumen, das beruhigende Rascheln in den Baumkronen und das
sanfte Gluckern der Wellen lassen die Herzen zweier Menschen
höher schlagen und sie die Liebe intensiver fühlen – und wenn
man sich dann noch dazu ganz allein auf weiter Flur befindet,
kann man das dem Partner mit einem verheißungsvollen Kuss
auch gleich an Ort und Stelle zeigen.

Das „Schloss der Träume" im Lainzer Tiergarten
(Wien 13, Hietzing)

Beim Lainzer Tiergarten handelt es sich um das letzte Stück urtümlichen Wienerwald mit frei lebendem Wildbestand innerhalb der Grenzen einer Großstadt. Auf dem 2.450 Hektar großen Areal, das als Europa-Schutzgebiet ausgewiesen ist, sind in erster Linie Hirsche, Rehe, Mufflons (Wildschafe) und Wildschweine zu beobachten, in der Dämmerung schwirren außerdem zahlreiche Fledermäuse durch den Tiergarten. Ein gut befestigtes Wegenetz ermöglicht lange, romantische Spaziergänge durch die öffentlich frei zugängliche Grünanlage.

Das Gebiet wurde mit dem Namen „Auhof" erstmals 1270 urkundlich erwähnt und Mitte des 16. Jahrhunderts von Kaiser Ferdinand I. gekauft, der es 1561 einzäunen ließ und zum kaiserlichen Jagdgebiet ernannte (das es bis 1918 auch blieb). Im 18. Jahrhundert galt der Tiergarten, der schon damals eine überdurchschnittlich hohe Wilddichte aufwies, als „vornehmster Wildpark Europas". Zu dieser Zeit erreichte das Areal unter Kaiser Josef II. seine heutige Ausdehnung. Bis 1787 wurde die etwa 22 Kilometer lange Mauer rund um die Grünanlage errichtet, ein Teil davon ist heute noch beim Pulverstampftor erhalten. Für den Bau dieser Befestigung verantwortlich war der Maurermeister *Philipp Schlucker* aus Alland in Niederösterreich, der nur zwei Gulden pro Klafter verlangte, während seine Konkurrenten zwischen zehn und 12 Gulden pro Klafter für den Job forderten. Aufgrund dieser geringen Entlohnung wurde befürchtet, der Mann könnte im Laufe seiner Tätigkeit pleitegehen – so entstand die bis heute geläufige Redewendung „armer Schlucker". Die Begründung des Maurermeisters, der nach Fertigstellung der

Mauer vom Kaiserhaus den Titel Waldamts-Baumeister verliehen bekam, lautete, dass er lieber weniger Geld bekam und dafür seine Freunde durch Ziegelzufuhren daran mitverdienen ließ. Das Gebiet wurde auch weiterhin fast nur zu Hofjagden der kaiserlichen Familie und ihrer Gäste genutzt.

Von 1882 bis 1886 wurde auf Befehl von *Kaiser Franz Joseph I.* (1830–1916) die *Hermesvilla* errichtet – als Geschenk für seine Ehefrau, *Kaiserin Elisabeth* (1837–1898), genannt *Sisi*. Namensgeber des Gebäudes ist die weiße Marmorstatue des griechischen Gottes Hermes, der sich im Garten vor der Villa befindet und über den Besitz wacht. Der Herrscher hoffte, dass seine ständig auf Reisen befindliche Gattin öfter daheimbleiben würde, wenn sie sich in ihre eigenen vier Wände, abseits des Hofes und der dort herrschenden strengen Etikette sowie fern ihrer Schwiegermutter, zurückziehen könnte. Zu jener Zeit litt der Regent sehr unter den häufigen Trennungen von seiner Ehefrau, weshalb der prachtvolle Bau inmitten des Lainzer Tiergartens als eines der romantischsten Geschenke in der österreichischen Habsburgermonarchie angesehen werden kann.

Elisabeth zeigte sich gerührt von der großzügigen Geste ihres Mannes und nannte ihre Villa *„Schloss der Träume“*. Sie liebte es, schon in der Morgendämmerung dem Gezwitscher der Vögel vor ihrem Schlafzimmerfenster zu lauschen und danach auf einem ihrer treuen Rösser durch den Wald zu galoppieren. Doch die Begeisterung über ihr eigenes Refugium hielt nicht lange an, und schon bald reiste Sisi wieder regelmäßig ins Ausland und ließ ihren traurigen Franzl allein zurück.

1918 übernahm die Verwaltung des Fonds für Kriegsgeschädigte das Areal, das ein Jahr später der Öffentlichkeit zugänglich gemacht wurde. Nach etlichen gescheiterten Versuchen, aus dem „wertlosen Tiergarten“ Gewinne zu ziehen (beispielsweise mittels der Durchführung von Hunderennen und der Errichtung eines Golfplatzes) und der folgenden Auflösung des Fonds für Kriegsgeschädigte im Jahr 1937 wurde das Gebiet an die Stadt Wien übertragen. In der Folge verfiel die Anlage, da es aufgrund der allgemein herrschenden Not während des Zweiten Weltkriegs zu planlosen Abholzungen kam. Die Hermesvilla stand zu dieser Zeit als verriegelte Ruine im Wald. Ab 1945 begann man mit dem Wiederaufbau, 1955 erfolgte die Neueröffnung des Lainzer Tiergartens. Auch die Hermesvilla wurde renoviert und 1973 wieder zur Besichtigung freigegeben.

Romantik-Tipp

Ein Spaziergang im Lainzer Tiergarten ist ein Ausflug in eine städtische Grünoase, in der man komplett abgeschottet ist von Straßenlärm, Autoabgasen und hektisch durch den Alltag eilenden Menschen. Man kann Tiere beobachten und ein Picknick auf der Liegewiese beim romantischen Hohenauer Teich machen. Danach geht es weiter zur Hermesvilla (mit der Dauerausstellung „Sisis Schloss der Träume – Die Hermesvilla und ihre Geschichte"), in der vor allem die Wandmalereien und Deckengemälde, unter anderem inspiriert von Shakespeares „Sommernachtstraum" und Werken des Künstlers Gustav Klimt, und das überdimensionale Prunkbett aus der Zeit Maria Theresias in Sisis Schlafgemach faszinieren.

Abschließend geht man auf ein Abendessen ins urige Gasthaus „Hirschgstemm" mit Schanigarten und lässt den Tag bei typischer Wiener Küche gemütlich ausklingen.

Für sportliche Verliebte: Wer gerne wandert, kann dies auch auf dem Weitwanderweg rund um den Lainzer Tiergarten tun – romantisches Highlight ist die Markwardstiege (400 Stufen), die, vom Nikolaitor ausgehend, an der nächsten Mauerecke zu finden ist und zur Wiese „Am Himmelhof" führt.

Adresse:
Hietzing-West/Hermesstraße, 1130 Wien.

Öffnungszeiten:
Lainzer Tiergarten: bei freiem Eintritt täglich von 8:00 bis 18:00 Uhr, im Winter bis 17:00 Uhr.

Hermesvilla: von März bis November 10:00 bis 18:00 Uhr, an
   Montagen geschlossen.
Gasthaus Hirschgstemm: täglich von 10:00 Uhr bis zwei Stunden vor
   Schließung des Tiergartens.

Erreichbarkeit mit Öffis:
Lainzer Tor (im Osten, Haupttor): Autobus Linie 60B, Station Lainzer
   Tor.
Pulverstampftor (im Norden): Autobus Linie 151, Station Umspannwerk
   Auhof.
Nikolaitor (im Nordosten): U–Bahn Linie 4 oder Autobus Linie 53B,
   Station Hütteldorf, ca. 10 Minuten Fußweg über Auhofstraße.
Sankt Veiter Tor (im Osten): Autobus Linie 55B, Station Sankt Veiter
   Tor.

... und weitere malerische Grünanlagen

Burggarten & Volksgarten
(Wien 1, Innere Stadt)

Der Burggarten war ursprünglich ein Teil der Vorstadt. Hinter
herrschaftlichen Mauern wurde dort Mitte des 19. Jahrhunderts
eine Grünfläche mit Teich im englischen Stil, zuerst Hof-, dann
Kaiserpark genannt, für Kaiser Franz Joseph I. angelegt. 1881
entfernte man die Absperrung und machte das Areal 1919 der
Öffentlichkeit zugänglich. Er gehört als historisches Juwel
zu den Bundesgärten Österreichs, ebenso wie der *Augarten*,
Belvederegarten und *Schlosspark Schönbrunn*.

Beim Volksgarten, der vom Burggarten nur durch den
Heldenplatz und die Gebäudetrakte der Hofburg getrennt ist,
handelt es sich um den ersten Park in Hofbesitz, der, von Beginn
seiner Entstehung im Jahr 1823 an, den Wienern zum Flanieren
oder Entspannen zur Verfügung stand. Zuvor hatten sich auf dem
Areal Festungsanlagen zum Schutz der Inneren Stadt befunden.

Die romantischsten Plätze im Burggarten sind das tropische *Palmen- und Schmetterlingshaus*, vor allem im Winter, wenn draußen die Kälte klirrt. Es gibt auch ein stimmungsvolles Café. Im Volksgarten freuen sich Verliebte über eine beschauliche Idylle mit Rosarium, plätschernden Brunnen und dem Theseus-Tempel, der auch ein romantisches Fotomotiv darstellt.

In beiden malerischen Parkanlagen haben sich auf den zahlreichen Bänken über Jahrzehnte hinweg bereits Hunderte von Paaren, entweder tagsüber im warmen Sonnenschein oder abends im samtblauen Dämmerlicht, ihre Liebe gestanden.

Adressen:
Burggarten: Josefsplatz 1, 1010 Wien.
Volksgarten: Burgring 1, 1010 Wien.

Öffnungszeiten:
bei freiem Eintritt von 1. April bis 31. Oktober von 6:00 bis 22:00 Uhr
    und von 1. November bis 31. März von 7:30 bis 17.30 Uhr.
Da sich die Öffnungszeiten kurzfristig ändern können, bitte auch
    auf die Aushänge bei den Toren achten oder auf der Website der
    Bundesgärten informieren: www.bmlfuw.gv.at/ministerium/bundes-
    gaerten.html

Erreichbarkeit mit Öffis:
Autobus Linien 2A und 57A oder Straßenbahn Linien 1, 2 und D,
    Station Burgring.

Stadtpark
(Wien 1, Innere Stadt und Wien 3, Landstraße)

Mit ca. 6,5 Hektar ist der Stadtpark die größte Grünanlage im Zentrum der Großstadt, die 1860 mit der Idee entstand, ihr *den freundlichen Charakter eines Ziergartens mit schönen Sträuchern, freien Durchsichten, verschlungenen Wegen und Blumenpflanzungen* zu geben. Das im englischen Landschaftsstil gestaltete Areal erstreckt sich über zwei Bezirke, Innere Stadt und Landstraße, und wird vom Wienfluss in zwei Hälften geteilt, die durch Brücken miteinander verbunden sind. Besonders romantisch sind in diesem Park die lauschigen Plätzchen, die bezaubernde Promenade mit Terrassen und hübschen Pavillons am Wienfluss und die vergoldete Bronzestatue des Walzerkönigs Johann Strauss Sohn.

Generell dominiert den Stadtpark, einem entschleunigenden Ruhepol inmitten der pulsierenden Metropole, die musikalische Geschichte Wiens, was an den zahlreichen Denkmälern weiterer berühmter Komponisten wie Franz Schubert, Robert Stolz, Anton Bruckner oder Franz Lehár ersichtlich ist.

Dein ist mein ganzes Herz!
Wo du nicht bist, kann ich nicht sein.
So, wie die Blume welkt,
wenn sie nicht küsst der Sonnenschein!
Dein ist mein schönstes Lied,
weil es allein aus der Liebe erblüht.
Sag mir noch einmal, mein einzig Lieb,
oh sag noch einmal mir:
Ich hab dich lieb!

Aus „Land des Lächelns", romantische Operette in drei Akten. Musik: Franz Lehár (1870–1948), Text: Ludwig Herzer und Fritz Löhner-Beda

Adresse:
zwischen Parkring (1010 Wien) und Heumarkt (1030 Wien).

Öffnungszeiten:
bei freiem Eintritt ganzjährig rund um die Uhr.

Erreichbarkeit mit Öffis:
U-Bahn Linie 3, Station Stubentor, und Linie 4, Station Stadtpark.

Augarten
(Wien 2, Leopoldstadt)

Zuerst als Gartenanlage in holländischem Stil von Ferdinand III. erschaffen, um 1677 unter Leopold I. als kaiserlicher Lustgarten mit einem Schloss in französischem Barock erneuert, im Zuge der Zweiten Wiener Türkenbelagerung im Jahr 1683 komplett zerstört, 1705 unter Kaiser Joseph I. wiederhergestellt und 1775 von Kaiser Joseph II. als ein *allen Menschen gewidmeter Erlustigungsort* für die Öffentlichkeit freigegeben, stellt der Augarten heute die älteste barocke Grünanlage Wiens dar. Highlights sind das triumphbogenartige Eingangsportal, die Ruinenreste der „Alten Favorita" (ehemaliges, kaiserliches Lustschloss), das Palais, der Skulpturengarten, das Porzellanmuseum (im unter Kaiser Joseph I. errichteten Gartensaal) und zwei Flaktürme (Hochbunker), die im Zweiten Weltkrieg den Codenamen „Peter" trugen.

Adresse:
Obere Augartenstraße 2, 1020 Wien.

Öffnungszeiten:
bei freiem Eintritt von 7:30 bis 17:30 Uhr im Winter und bis 20:00 Uhr im Sommer.
Da sich die Öffnungszeiten kurzfristig ändern können, bitte auch auf die Aushänge bei den Toren achten oder auf der Website der Bundesgärten informieren: www.bmlfuw.gv.at/ministerium/bundes-gaerten.html

Erreichbarkeit mit Öffis:
Autobus Linie 5A oder Straßenbahn Linie 31, Station Obere Augartenstraße.

Belvederegarten
(Wien 3, Landstraße)

Der nach französischem Vorbild erbaute majestätische Garten beim Schloss Belvedere (Oberes und Unteres Belvedere), das

Anfang/Mitte des 18. Jahrhunderts für Prinz Eugen von Savoyen errichtet wurde, ist gekennzeichnet durch zahlreiche imposante Statuen und Skulpturen sowie wunderschöne Wasserkaskaden und reichhaltig verzierte Brunnen. Als im Jahr 1780 Kaiser Joseph II. nach dem Tod Maria Theresias die Alleinregentschaft in Österreich übernahm, wurde die Anlage der Öffentlichkeit zugänglich gemacht.

Verliebte lädt der Park vor allem zum Küssen vor den romantischen Figuren aus Stein ein, die sich in lieblicher Gestalt vom malerischen Hintergrund abheben.

Im *Oberen Belvedere* (geöffnet täglich 10:00 bis 18:00 Uhr) befindet sich die weltweit größte Sammlung von Gemälden des bekannten Malers Gustav Klimt – inklusive des romantischen Bildes „Der Kuss".

Adresse:
Prinz Eugen-Straße 27, 1030 Wien.

Öffnungszeiten:
bei freiem Eintritt von 7:30 bis 17:30 im Winter und bis 20:00 Uhr im Sommer.

Erreichbarkeit mit Öffis:
U-Bahn Linie 1, Station Südtirolerplatz, Autobus Linie 69A, Station Quartier Belvedere, oder Straßenbahn Linie D, Station Schloss Belvedere.
Da sich die Öffnungszeiten kurzfristig ändern können, bitte auch auf die Aushänge bei den Toren achten oder auf der Website der Bundesgärten informieren: www.bmlfuw.gv.at/ministerium/bundesgaerten.html

Botanischer Garten
(Wien 3, Landstraße)

Neben dem Schloss Belvedere liegt der für wissenschaftliche Forschungen genutzte, aber frei zugängliche Botanische Garten von Wien, der im Jahr 1754 unter Kaiserin Maria Theresia gegründet wurde. Besonders fein für Pärchen: der Gang mit den hohen Bambusstauden für ungestörte Momente zu zweit.

Adresse (Haupteingang):
Mechelgasse/Praetoriusgasse, 1030 Wien.

Öffnungszeiten:
bei freiem Eintritt ganzjährig von 10:00 Uhr bis zum Einbruch der
Dämmerung bzw. längstens 18:00 Uhr.

Erreichbarkeit mit Öffis:
Straßenbahn Linie 71, Station Rennweg.

Kurpark Oberlaa mit Liebesgarten
(Wien 10, Oberlaa)

Der Kurpark Oberlaa ist eine wunderschöne, 86 Hektar große Grünanlage am Südosthang des Laaer Bergs mit zahlreichen Wegsystemen, die in verschiedene Bereiche wie etwa den barocken Brunnengarten, das Blumenlabyrinth oder das ehemalige Filmstadtgelände führen.

Die Frontbauten der Ziegeleien, welche die Wienerberg AG im 19. Jahrhundert aufgrund des Lehmvorkommens am Laaer Berg errichtete, eigneten sich ideal als „historische" Kulissen für Monumentalfilme, die in den 1920er-Jahren in der heutigen Grünanlage gedreht wurden. Es handelte sich dabei um Werke wie beispielsweise „Die Sklavenkönigin", das im Alten Ägypten spielt, wo sich ein jüdisches Sklavenmädchen in den Sohn eines Pharaos verliebt. Obwohl die nicht standesgemäße Liebe zu etlichen Problemen führt, gibt es ein Happy End.

Pärchen finden im Kurpark Oberlaa zum Kuscheln außerdem einen Liebesgarten mit versteckten, verschnörkelten Bänken, nostalgischen Schaukeln und idyllischen Lauben.

Adresse:
zwischen Kurbadstraße, Laaer-Berg-Straße und Filmteichstraße,
1100 Wien.

Öffnungszeiten:
bei freiem Eintritt von 6:00 bis 18:00 Uhr im Winter und bis 22:00 Uhr im Sommer.

Erreichbarkeit mit Öffis:
Straßenbahn Linie 67, Endstation Oberlaa.

Steinhofgründe
(Wien 14, Penzing)

Das etwa 42 Hektar große Erholungsgebiet Steinhofgründe, das namentlich an die damals dort befindlichen Steinbrüche erinnert, liegt zwischen Johann-Staud-Gasse und Heschweg und grenzt dort an den *Dehnepark*. Einst gehörte die Grünanlage zur psychiatrischen Einrichtung Otto-Wagner-Spital, in der vorwiegend Obstbäume gepflanzt wurden, die dort heute noch zu finden sind. Besonders verträumt sind die Steinhofgründe daher im Frühling, wenn die Bäume voller weißer und rosafarbener Blüten die Wege säumen und die Luft erfüllt ist vom Summen der fleißigen Honigbienen. Sehr romantisch für Verliebte ist auch der mit Weiden umgebene Teich, wo man unter den tief bis auf den Boden hängenden Ästen Arm in Arm auf der Wiese liegen und die Ruhe dieser beschaulichen Oase genießen kann.

Adresse:
Baumgartner Höhe 1, 1140 Wien.

Öffnungszeiten:
bei freiem Eintritt von 7:00 bis 19:00 Uhr im Winter und 6:30 bis 21:00 Uhr im Sommer.

Erreichbarkeit mit Öffis:
Autobus Linien 46B und 146B, Station Feuerwache Am Steinhof.

Türkenschanzpark
(Wien 18, Währing)

Der von Kaiser Franz Joseph I. am 30. September 1888 eröffnete Park liegt auf historischem Gebiet, da sich dort im Jahr 1683 die Türken verschanzt hatten, und zwar während ihrer zweiten Belagerung von Wien. Heute gilt die Anlage als Kraftort und Energietankstelle – besonders für verliebte Paare. Es gibt neben zahlreichen botanischen Besonderheiten zwei riesengroße Mammutbäume, an die man sich Händchen haltend anlehnen kann, um die positiven Schwingungen der steinalten Pflanzen in sich aufzunehmen.

Gleich nebenan, verbunden durch den *Joseph-Kainz-Park*, befindet sich der verwachsene, daher sehr verwunschen und mystisch wirkende, *Sternwartepark* (der Zutritt ist an Werktagen montags bis freitags möglich, das Begehen einiger Wege jedoch untersagt).

Adresse:
Gregor-Mendel-Straße 31, 1180 Wien.

Öffnungszeiten:
bei freiem Eintritt ganzjährig rund um die Uhr.

Erreichbarkeit mit Öffis:
Autobus Linie 10A, Station Türkenschanzpark.

Der Engel vom Wilhelminenberg
(Wien 16, Ottakring)

Erhaben thront das prunkvolle *Hotel Schloss Wilhelminenberg* inmitten einer 12 Hektar großen Parkanlage auf dem Ostabhang des Gallitzinberges (ehemals Predigtstuhl) über Wien Ottakring.

Erworben wurde das Grundstück im Jahr 1781 von dem österreichischen Feldherrn mit russischer Abstammung Franz Moritz Graf von Lascy, der sogleich mit dem Bau eines Jagdschlosses beginnen ließ.

Sein Freund, der russische Botschafter Fürst Demetrius Michalowitsch von Gallitzin, von dem der Wiener Berg seinen

Namen erhielt, luchste ihm jedoch den Besitz ab. Er kaufte noch Land dazu, über das sich heute der riesige Park erstreckt, ordnete den Bau eines herrschaftlichen Sommerschlosses an und hielt Einzug in die oberen Kreise der Wiener Gesellschaft, für die er in seiner Residenz Feste veranstaltete. Nach seinem Tod im Jahr 1793 und mehrere Besitzerwechsel später erwarben der aus Frankreich emigrierte Fürst Julius von Montléart und seine Gattin Maria Christina 1824 den zu diesem Zeitpunkt bereits stark heruntergekommenen Bau. Das Paar erhoffte sich durch den Umzug aufs Land und die gute Waldluft eine Besserung des Leidens ihres jüngsten Kindes. Fürst Julius sorgte darüber hinaus für die Renovierung und Vergrößerung des Schlosses. Gegen Ende des 19. Jahrhunderts erbte der Sohn des französischen Fürsten, Moritz von Montléart, den Besitz.

Und dieser adelige Spross war auch nach elf Jahren Ehe noch ein wahrer Romantiker, denn er schenkte das Grundstück samt Schloss seiner Gattin Wilhelmine. Außerdem wollte er auch den Gallitzinberg auf Wilhelminenberg umbenennen lassen und hat sogar eine Zeitungsmeldung initiiert, um die Namensänderung durchzusetzen.

[...] Über Veranlassung der derzeitigen Besitzerin Wilhelmine Prinzessin von Montleart-Sachsen-Kurland wurde der genannte Bergebesitz in den Sechziger-Jahren mit dem Namen „Wilhelminenberg" umgetauft und diese neue Bezeichnung auch in den öffentlichen Büchern ersichtlich gemacht, so daß heute dieser Besitz im Grundbuche den Namen „Wilhelminenberg" führt. Weiter wurden Vorkehrungen getroffen, daß in Hinkunft auch auf Karten, Plänen etc. statt der alten Bezeichnung „Galitzynberg" die nunmehr correcte Bezeichnung „Wilhelminenberg" ersichtlich gemacht werde. Selbstbegreiflich ist es der fürstlichen Familie, welche ihr Palais auf dem Wilhelminenberg besitzt und dasselbst domicilirt, sehr daran gelegen, daß ihr Besitz auch im Volksmunde die richtige Bezeichnung „Wilhelminenberg" führe.

(Quelle: Wiener Zeitung, 19. September 1883, Seite 12)

Als seinem Antrag amtlicherseits dennoch nicht stattgegeben wurde, ließ der Fürst an allen Zugängen zum Schloss Tafeln mit der Aufschrift „Wilhelminenberg" anbringen, weshalb sich diese Bezeichnung bei den Wienern letztlich tatsächlich festgesetzt und eingebürgert hat.

Nachdem Moritz von Montléart 1887 gestorben und in der Nähe des Schlosses in seinem im neugotischen Stil erbauten Mausoleum beigesetzt worden war, verteilte seine Witwe Wilhelmine das Erbe unter den Verwandten, behielt nur ihren persönlichen Besitz und den Ertrag des Wilhelminenberges, der unter anderem vom Weinanbau stammte. Da sie sich auch großzügig den Armen gegenüber zeigte, und Geld für die Errichtung des Wilhelminenspitals spendete, nannte sie die Bevölkerung „Engel vom Wilhelminenberg". Sie starb 1895 und wurde neben ihrem Gatten beigesetzt.

Man erzählt sich, dass die Witwe nach dem Tod ihres Mannes nie wieder gelächelt hat und Gott fast täglich darum bat, sie bald für immer mit ihrem Geliebten zu vereinen.

Heute ist aus dem ehemaligen Schloss ein Hotel mit monarchistischem Flair geworden, in dem sehr häufig Hochzeiten gefeiert werden. Empfehlenswert ist außerdem der sonntägliche Brunch, der im Sommer bei Schönwetter auf der Terasse mit Blick über Wien eingenommen werden kann. Nähere Informationen dazu finden sich auf der Website; eine Reservierung für diese beliebten Termine ist unbedingt zu empfehlen: www.austria-trend.at/sonntagsbrunch/de/castle.asp

Hinter dem Gebäude kann man auf der Wiese einen der wohl schönsten Blicke über Wien genießen. In der idyllischen Grünanlage rund um das Schloss finden sich ein klassizistischer Rundtempel, der den höchsten Punkt von Ottakring markiert, und das Mausoleum, in dem der Romantiker Moritz von Montléart und seine Gattin Wilhelmine bestattet sind.

Romantik-Tipp

Am schönsten ist ein abendlicher Spaziergang rund um das Prunkschloss und Hotel Wilhelminenberg, bei dem man die herrliche Aussicht auf der Wiese hinter dem Gebäude genießt und bei Dunkelheit Arm in Arm auf die Lichter der Stadt schaut. Dabei kann man auch das *Mausoleum*, in dem der romantische Fürst und sein „Engel vom Wilhelminenberg" ihre letzte Ruhe gefunden haben, besuchen.

Nicht weit entfernt liegt die historische *Kuffner Sternwarte*, die nach wie vor in Betrieb ist und zum Sterneschauen zu zweit einlädt.

Adressen:
Schlosshotel Wilhelminenberg: Savoyenstraße 2, 1160 Wien.
Kuffner Sternwarte: Johann-Staud-Straße 10, 1160 Wien.

Öffnungszeiten:
Schlosshotel Wilhelminenberg: Hotelbetrieb ganzjährig rund um die Uhr.
Kuffner Sternwarte: ganzjährig Sonntag und Montag ab 20:00 Uhr bei jedem Wetter, Mittwoch und Donnerstag ab 20:00 Uhr bei niederschlagsfreier Witterung, Sonnenbeobachtungen am Sonntag ab 15:00 Uhr.

Erreichbarkeit mit Öffis:
Autobus Linien 46B und 146B, Station Schloss Wilhelminenberg.

Am Cobenzl dem Himmel so nah
(Wien 19, Döbling)

Den Cobenzl im Wienerwald gibt es gleich zwei Mal: Einerseits bezeichnet man mit diesem Namen den 492 Meter hohen *Latisbergs*, der sich etwas südlich vom *Kahlenberg* befindet, andererseits den diesem vorgelagerten, rund 110 Meter niedrigeren, *Reisenberg*, auch als „Hangstufe" des Latisberg bezeichnet.

Und um diesen Reisenberg, der seine erste historische Erwähnung im Jahr 1238 als „Reysenperge" fand und dessen Name sich entweder vom Reisig ableitete, oder von der Tatsache, dass an ihm häufig das Erdreich abrutschte („reisender Berg"), geht es in der folgenden Geschichte.

Bereits im 13. und 14. Jahrhundert wurde auf dem Reisenberg Weinbau betrieben, und zwar von den Stiften Zwettl und Klosterneuburg. Kaiser Rudolf II. übergab die Gründe im 16. Jahrhundert dem Orden der Jesuiten, für dessen Brüder man zwei Häuser auf der „Bellevue-Höhe" gebaut hat. Nachdem die Glaubensgemeinschaft 1773 durch den Papst aufgehoben worden war, erwarb Philipp Graf von Cobenzl im Jahr 1776 das Gelände auf dem Reisenberg, der die zwei Häuser zu einem Sommerschloss mit einem skulpturengeschmückten Park umgestalten ließ und zusätzlich eine Meierei errichtete. Er machte seinen Besitz auch der Öffentlichkeit zugänglich und hat *Leuten von Distinction* Einlass in seinen Park gewährt, wie der Autor Franz Anton de Paula Gaheis in seinem 1798 erschienenen Buch „Wanderungen und Spazierfahrten in die Gegenden um Wien" berichtete. Diese volksfreundliche Maßnahme machte den Graf und sein Anwesen sehr populär, weshalb der Reisenberg im Volksmund zu dieser Zeit bereits „Cobenzl" genannt wurde. Gaheis schrieb auch von einem Teich, *auf dem Schwäne, türkische Aenten und anderes Geflügel herumschwimmen*, von künstlichen Wasserfällen und sogar von einer Grotte, an deren Wänden die wunderbarsten Mineralien glänzten.

In den Sommermonaten hielt sich häufig Wolfgang Amadeus Mozart (1756–1791) als Gast bei Philipp Graf von Cobenzl auf, da er dessen Cousine, Gräfin Thienne de Rumbeke, Klavierspielen beibringen sollte. In seiner Freizeit ging er spazieren und ließ sich von der lieblichen Umgebung zu dem einen oder anderen Meisterwerk inspirieren. Im Juni 1781 schrieb er in einem Brief an seinen Vater Leopold: „… *der schöne Blick vom Cobenzl zu Stadt Wien, aber ich habe 1 1/2 Stunden Gehweg zu meiner Baronin, die ich hier unterrichten muß …*"

Die reife Baronin Waldstätten lehrte den jungen Wolfgang

Amadeus im Gegenzug dafür ganz andere Dinge, während er zur selben Zeit die begabte, aber mit einem reichen und um 41 Jahre älteren Mann verheiratete, Maria Theresia von Trattner anbetete, der er ebenfalls Musikunterricht erteilte. Mozart wurde allerdings generell nachgesagt, dass er nur solche Damen unterrichtete, die ihn entweder fürstlich entlohnten oder großes Talent hatten und in die er deshalb verliebt war. Im selben Jahr kokettierte der Musiker auch schon mit seiner späteren Frau Constanze Weber, die er 1782 heiratete. 1784 hat der eifersüchtige Johann Thomas Edle von Trattner den immer noch mit seiner jungen Gattin kokettierenden Mozart in Wien aus der Wohnung geworfen.

Nach dem Tod des Adeligen, der im Laufe seines Lebens zahlreiche Staatsämter bekleidete, und einige Besitzerwechsel später wurde 1835 der Industrielle, Chemiker, Naturforscher und Philosoph Karl Ludwig Freiherr von Reichenbach neuer Eigentümer des Anwesens. Er trug den Beinamen „Zauberer vom Cobenzl", weil er allerlei, für damalige Zeiten seltsam anmutende, Experimente auf seinem Schloss sowie auf Friedhöfen in der Umgebung veranstaltete.

Im Jahr 1855 zog Johann Karl Freiherr von Sothen auf den Reisenberg, der noch 1942 als armer Tabaktrafikant gelebt hatte und durch verschiedene, teilweise zwielichtige Transaktionen zu großem Reichtum gelangt war. Eine seine Einnahmequellen stellte sein „Sothen'sches Comptoir" dar, über das er „Lustritte auf den Kahlenberg" auf Eseln anbot. Darüber hinaus ließ er sich die Ziehungsergebnisse vom „Kleinen Lotto" aus der Stadt mit Brieftauben senden und setzte die Zahlen in der Annahmestelle in Sievering, die nach der Ziehung noch Tipps annahm.

1887 wurde das Areal von einem Konsortium erworben und das Schloss in ein Hotel umgewandelt, das man 1966 wieder abreißen ließ. 1912 entstand auch ein Café-Pavillon, der 1980 abbrannte. 1983 wurde das gesamte Anwesen von Olaf Auer übernommen, der ein Schloss-Restaurant mit rundem Café auf dem Berg bauen ließ.

Dort, wo sich einst der prächtige Park des ehemaligen Schlosses befand, existiert heute nur noch eine kleine Wiese mit einigen Bänken nahe dem Parkplatz.

Der Cobenzl ist nicht nur wegen seines traumhaften Blickes auf Wien ein beliebtes Ausflugsziel für verliebte Paare. Auf dem Berg gibt es beispielsweise die romantische *Sisi-Kapelle*, die Johann Karl Freiherr von Sothen Mitte des 19. Jahrhunderts anlässlich der Vermählung von Franz Joseph I. mit Elisabeth errichten ließ, und den *Baumkreis „Am Himmel"*, wo 1997 insgesamt 40 Lebensbäume gepflanzt wurden, zu besichtigen. Auf der Himmelswiese befindet sich außerdem die letzte Ruhestätte der Schauspielerin *Hedy Lamarr* (1914–2000), die zu den schönsten Frauen der Welt gezählt wird. Angehörige haben ihre Asche auf dem Cobenzl in den Wind gestreut. Hedy Lamarr war, so sagte man, verliebt in die Liebe – sie hat sechs Mal geheiratet und ging zahlreiche Beziehungen mit Männern sowie mit Frauen ein.

Am Ende der Straße, die an dieser Wiese entlangführt, befindet sich ein Gedenkstein, der davon kündet, dass *Sigmund Freud* (1856–1939) gerne in dieser Gegend „lustgewandelt" ist. Er trägt die Inschrift: *Hier enthüllte sich am 24 Juli 1895 dem Dr. Sigm. Freud das Geheimnis des Traumes.* Ein weiterer Weg, vom Parkplatz ausgehend, führt einen verträumten Schmetterlingspfad entlang.

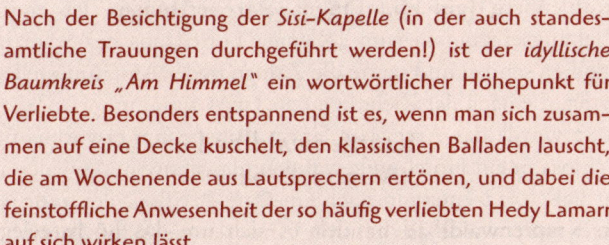

Romantik-Tipp

Nach der Besichtigung der *Sisi-Kapelle* (in der auch standesamtliche Trauungen durchgeführt werden!) ist der *idyllische Baumkreis „Am Himmel"* ein wortwörtlicher Höhepunkt für Verliebte. Besonders entspannend ist es, wenn man sich zusammen auf eine Decke kuschelt, den klassischen Balladen lauscht, die am Wochenende aus Lautsprechern ertönen, und dabei die feinstoffliche Anwesenheit der so häufig verliebten Hedy Lamarr auf sich wirken lässt.

Nach einem Spaziergang zum Freud-Gedenkstein oder auf dem Schmetterlingspfad lockt das gemütliche, rundherum verglaste

Café Oktogon mit einer süßen Jause. Bleibt man bis zum Anbruch der Dunkelheit auf dem Berg, fühlt man sich wie *„im* Himmel": unten die Lichter der Stadt, oben die Sterne der Milchstraße, die am Cobenzl in einer klaren Nacht so nahe scheinen, wie an keinem anderen Ort der Welt.

Adressen:
Café Oktogon: Himmelstraße/Höhenstraße, 1190 Wien.
Häuserl am Himmel: Himmelstraße 80, 1190 Wien.

Öffnungszeiten:
Café Oktogon: ganzjährig Mittwoch bis Freitag von 12:00 bis
22:00 Uhr, Samstag und Sonntag von 11:00 bis 22:00 Uhr.
Häuserl am Himmel: ganzjährig Donnerstag bis Sonntag von 9:00 Uhr
bis zum Einbruch der Dunkelheit.

Erreichbarkeit mit Öffis:
Autobus Linie 38A, Station Cobenzl, ca. zehn Minuten Fußweg über
Höhenstraße, oder Autobus Line 39A, Endstation Sievering,
ca. 15 Minuten Fußweg über Gspöttgraben.

... und weitere tolle Ausblicke
über die Dächer von Wien

Krapfenwaldlbad
(Wien 19, Döbling)

Beim Krapfenwaldlbad handelt es sich um das höchstgelegene Freibad Wiens im „Krapfenwaldl", einem Hügel im Wienerwald auf den Hängen des Cobenzls, von dem aus man eine atemberaubende Sicht über die Stadt genießen kann. Den Namen bekam die seit 1923 existierende Anlage mit dem Retro-Charme inmitten des Nadelwaldes von dem Kriegsrat Franz Joseph Krapf.

Im 18. Jahrhundert erhält die Gegend die Bezeichnung

„Musikantengehege", weil Kaiser Karl VI. seiner Hofmusikkapelle das Wildgehege aus Dank für ihre Dienste zur Jagd überlassen hatte. Und dieser Name ist Programm: Johann Strauss Vater (1804–1849) komponierte 1828 den „Krapfenwaldl Walzer", Johann Strauss Sohn (1825–1899) schuf im Jahr 1869 die Polka „Im Krapfenwaldl".

In dem Biedermeier-Wanderführer „Wiens Umgebungen auf zwanzig Stunden im Umkreis" aus dem Jahr 1835, geschrieben von Adolf Schmidl, steht:

> *Das Krapfenwäldchen ist ein überraschend anmuthiges Plätzchen. Eine schöne Wiese zieht sich hier ins Thal hinab, von Buschwerk und Pappelgruppen eingefaßt, unter denen Tische und Bänke dem Müden entgegenwinken. Links bedeckt ein Hain von Eichen und Föhren den Gipfel des Hügels, an dessen Fuße das Wirtshaus, die sogenannte Krapfenhütte, liegt. Zahlreiche Tische, eine hölzerne Halle zum Schutz gegen plötzliches Unwetter, zugleich als Tanzsaal dienend, Schaukeln etc. beweisen, wie besucht die Anlage ist, wozu auch die ziemlich gute Bewirtung beiträgt.*

Dieses Gasthaus wurde 1923 in das neue Krapfenwaldlbad integriert. Dort trifft man heute vorwiegend die Hautevolee von Döbling, die in den Wasserbecken über den Dächern der Stadt Neuigkeiten austauscht, Geschäfte macht oder Partys plant. Auch Singles finden dort garantiert Anschluss.

Adresse:
Krapfenwaldgasse 65–73, 1190 Wien.

Öffnungszeiten:
Anfang Mai bis Mitte September von 9:00 bis 20:00 Uhr.

Erreichbarkeit mit Öffis:
Autobus Linie 38A, Station Krapfenwaldgasse.

Hermannskogel, Kahlenberg und Leopoldsberg
(Wien 19, Döbling)

Nach dem Cobenzl liegen drei weitere bekannte Hausberge der Wiener in Döbling, einem Bezirk mit großem Wienerwald-Anteil.

Auf dem *Hermannskogel* finden Paare in 542 Metern den höchsten Punkt von Wien vor, auf dem sie gemeinsam ihre Blicke über die historischen Bauten und weitläufigen Parks der Stadt und die blaue Donau schweifen lassen können. Im Mittelalter noch voller Rebstöcke, ist der Berg heute mit Laubwald bedeckt, durch den zahlreiche mystische Wege, beispielsweise von der Jägerwiese, am Fuße des Hermannskogels, zum *Agnesbründl*, führen. Dort soll eine schöne Waldfee namens Agnes wohnen, die bis heute Ausschau nach ihrem Verlobten hält, der einst in den Krieg gegen die Türken zog und nie mehr zurückkam. Der Brunnen gilt daher unter anderem als Symbol der Hoffnung für die Liebe.

Beim Aussichtspunkt am 484 Meter hohen *Kahlenberg* handelt es sich um den historisch bekanntesten Blickwinkel auf Wien. Von dieser Stelle aus wurde die Stadt bei der Zweiten Türkenbelagerung im Jahr 1683 vom Ersatzheer des Polenkönigs Sobiesky befreit, nachdem der Befehlshaber das Vorgehen am Fuße des Berges beobachtet und die Lage sondiert hatte. Franz Grillparzer schrieb 1844: *Hast du vom Kahlenberg das Land dir rings beseh'n, so wirst du was ich schrieb und was ich bin versteh'n.* Und im Volksmund heißt es: *Geht es dem Kahlenberg gut, geht es der Stadt gut.*

Romantisches Highlight ist die *Kaiserin-Elisabeth-Ruhe*, unweit der Kirche vor der Aussichtsterrasse, ein idyllischer Hain, in dem Sisi Rast machte, wenn sie sich in dieser Gegend des Wienerwalds aufhielt.

Die Kaiserin von Österreich unternahm allerdings besonders gerne Ausflüge auf den 425 Meter hohen *Leopoldsberg*, wo sie stundenlang die einzigartige Flora und Fauna der Gegend erkundete (etwa auf der heutigen *Wanderroute Nasenweg*) und als krönenden Abschluss ihre Blicke über die Dächer von Wien schweifen ließ.

Besonders schön ist eine Wanderung über die Wienerwaldberge im Winter, wenn man in den verzauberten Wäldern, die einen mit ihrer fast unwirklichen Stille einhüllen, eng ineinander verschlungen und sich gegenseitig wärmend durch den knirschenden Schnee stapft.

Adresse:
Wienerwald, 1190 Wien.

Öffnungszeiten:
bei freiem Eintritt ganzjährig rund um die Uhr.

Erreichbarkeit mit Öffis:
Hermannskogel: Autobus Linie 39A, Endstation Sievering.
Kahlenberg und Leopoldsberg: Autobus Linie 38A, Station Kahlenberg
    bzw. Endstation Leopoldsberg.

Mondscheinpicknick auf der Alten Donau und Nacktbaden in der Lobau
(Wien 22, Donaustadt)

Schon immer gingen in Wien die Verliebten an der Donau entlang spazieren, Hand in Hand und innige Blicke tauschend, oder an einen ihrer Strände zum fröhlichen Planschen. Andere Pärchen wiederum scheuten die bei Sonnenschein belebten Uferpromenaden, mieden die im Sommer überfüllten Badebuchten, und fuhren stattdessen lieber in trauter Zweisamkeit mit dem „Schinakel" aufs Wasser hinaus. Und einige gingen auch erst abends zur Donau, wenn dort, außer leisem Gluckern, kein weiteres Geräusch zu hören ist, und küssten sich zärtlich unter dem Sternenhimmel. Und daran hat sich bis heute auch nichts geändert.

Zu den beliebtesten Ausflugszielen zählt die Alte Donau, ein Binnengewässer mit einer Größe von rund 160 Hektar und einer mittleren Tiefe von 2,5 Metern, das im Zuge der großen Flussregulierung in den Jahren 1870 bis 1875 durch einen Damm vom Hauptstrom abgetrennt wurde. Die Alte Donau erstreckt sich von der Floridsdorfer Brücke bis zur Praterbrücke. Früher befanden sich entlang ihrer Ufer zahlreiche Wassermühlen, später entstanden dort bei der Bevölkerung sehr beliebte Badeanlagen – das wohl bekannteste ist das *Gänsehäufel*.

Möchte man die Zeit zu zweit nicht am, sondern auf dem Wasser genießen, besteht einerseits die Möglichkeit, eng umschlungen an der Reling eines Donau-Dampfschiffs stehend eine Rundfahrt durch Wien zu unternehmen, andererseits, sich in den Abendstunden bei einem *„Dinner for Two" auf der MS Kaiserin Elisabeth* kulinarisch verwöhnen zu lassen. Darüber hinaus kann man auch selbst das Ruder in die Hand nehmen – man mietet sich bei den Betrieben an der Alten Donau ein Boot und fährt an ein lauschiges einsames Plätzchen, um dort, geschützt vor fremden Blicken, gemeinsam den Tag oder Abend zu genießen.

Wer lieber an Land bleibt, unternimmt einen Ausflug in die faszinierende Natur des rund 9.300 Hektar großen *Nationalparks Donauauen*, aufgrund seiner urtümlichen Beschaffenheit und dem reichen Artenvorkommen von Tieren und Pflanzen auch als Dschungel Wiens bezeichnet. Ein Drittel dieser grünen Oase trägt den Namen *Lobau*, auch „Wasserwald" genannt, in dessen Mitte sich die *Dechantlacke* befindet. Bei diesem idyllischen Plätzchen handelt sich um einen kleinen Badesee, der von der Donau gespeist wird und wo man nackt baden kann – ein fast unberührtes Paradies für Verliebte, die Natur gerne „pur" genießen.

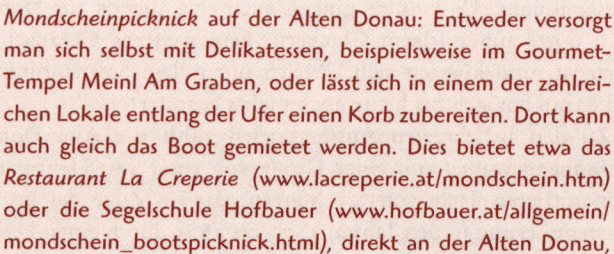

Romantik-Tipp

Mondscheinpicknick auf der Alten Donau: Entweder versorgt man sich selbst mit Delikatessen, beispielsweise im Gourmet-Tempel Meinl Am Graben, oder lässt sich in einem der zahlreichen Lokale entlang der Ufer einen Korb zubereiten. Dort kann auch gleich das Boot gemietet werden. Dies bietet etwa das *Restaurant La Creperie* (www.lacreperie.at/mondschein.htm) oder die Segelschule Hofbauer (www.hofbauer.at/allgemein/mondschein_bootspicknick.html), direkt an der Alten Donau, an.

Und was gibt es Schöneres, als mit dem Partner seiner Träume gemeinsam über die sanften Wellen zu gleiten, während das Wasser leise gluckst, die Grillen zirpen und die Sterne vom tintenblauen Himmel strahlen? Und nachdem man sich gegenseitig mit Leckereien gefüttert und mit Champagner auf die Liebe angestoßen hat, kann man sich noch eine Weile verträumt im Boot zusammenkuscheln und gemeinsam auf das Funkeln ferner Lichter blicken, bevor man sich an die Rückfahrt macht.

Wer der Zivilisation jedoch fast zur Gänze den Rücken kehren und nackt baden gehen möchte, der macht sich auf den Weg zur Dechantlacke, wo man außer schwimmen auch gemeinsam wundervolle Pflanzen bestaunen und Tiere beobachten kann, beispielsweise prächtige Schmetterlinge, majestätische Seeadler oder bunte Eisvögel, die als „Fliegende Edelsteine" der Donauauen bekannt sind.

Bei aller Romantik sollte man bei diesen Ausflügen jedoch nicht auf das Insektenschutzmittel vergessen, da einem die kleinen Blutsauger sonst rasch die Freude am Aufenthalt verderben.

Adresse:
Nationalpark Donau-Auen, Raffineriestraße.

Öffnungszeiten:
bei freiem Eintritt ganzjährig rund um die Uhr.

Erreichbarkeit mit Öffis:
Alte Donau: U-Bahn Linie 1, Station Alte Donau.
Lobau: Autobus Linie 91A oder 92B, Station Ölhafen oder
Nationalpark-Boot, von 2. Mai bis 26. Oktober täglich um
9:00 Uhr. Abfahrt Salztorbrücke, linkes Ufer Donaukanal.
Dechantlacke: Autobus Linie 92B, Station Biberhaufenweg, über
Dechantweg Richtung See, ca. 12 Minuten Fußweg.

... und weitere idyllische Stadtgewässer

Ab Schwedenplatz entlang des Donaukanals
(Wien 1, Innere Stadt)

Verliebte Wiener bewegen sich gerne gemeinsam entlang des Donaukanals, beispielsweise vom *Schwedenplatz* aus – zu Fuß, auf dem Rad oder auf Skatern. Man beobachtet die Schiffe, die an einem vorbeifahren, setzt sich in ein Lokal direkt am Wasser auf einen starken Mocca oder geht stilecht gebratenen Fisch essen. Seefeste Romantiker besteigen die *MS Vindobona* der Donau-Dampfschifffahrtsgesellschaft, genannt auch „Lustschiff zum Träumen", das vom Wiener Künstler Friedensreich Hundertwasser gestaltet wurde, und fahren damit die Donau entlang.

Adresse (Schiffanlegestelle der DDSG):
Schwedenplatz 2, 1010 Wien.

Öffnungszeiten:
von 1. April bis 21. Dezember, Uhrzeiten sind beim Veranstalter unter 01/588 80–440 zu erfragen. www.ddsg-blue-danube.at

Erreichbarkeit mit Öffis:
U-Bahn Linien 1 und 4, Station Schwedenplatz.

Wienerbergteich
(Wien 10, Favoriten)

Dieser hübsche Badeteich liegt im Erholungsgebiet Wienerberg, dessen Geschichte geprägt ist durch die lange Tradition der Ziegelwerke: Schon die Römer haben an dieser Stelle Lehm abgebaut und das Gebiet zur Ziegelgewinnung genutzt. Maria Theresia ließ 1775 am Wienerberg die erste staatliche Ziegelei errichten und einen Teich anlegen. Um 1820 wurde die Ziegelfabrik am Wienerberg zur größten in Europa. Erst in den 1960er-Jahren hat man die Ziegelwerke wegen Unrentabilität stillgelegt. Bis heute hat das Wasser dort eine lehmig-fahle Farbe, was die Qualität aber nicht beeinträchtigt.

Nicht erschrecken – in dem Teich baden auch zahlreiche Sumpfschildkröten.

Adresse:
Triester Straße 50, 1100 Wien.

Öffnungszeiten:
bei freiem Eintritt ganzjährig rund um die Uhr.

Erreichbarkeit mit Öffis:
Straßenbahn Linie 67, Station Tesarekplatz oder Wienerfeldgasse.

Badeteich Süssenbrunn
(Wien 22, Donaustadt)

Herrlich klares Wasser zeichnet diesen Badeteich aus, an dem man es sich auf einer gepflegten Liegewiese zu zweit so richtig gemütlich machen kann – beispielsweise mit einem gut gefüllten Picknickkorb. An der Südseite befindet sich ein naturbelassener Vegetationsbereich, in dem dicke Hummeln und bunte Libellen träge durch die heiße Sommerluft schwirren sowie zahlreiche Frösche quakend durch den Schlamm hüpfen.

Adresse:
Wagramer Straße 269, 1220 Wien.

Öffnungszeiten:
bei freiem Eintritt ganzjährig rund um die Uhr.

Erreichbarkeit mit Öffis:
Autobus Linie 25A, Station Badeteich Süssenbrunn.

Liesingbach
(Wien 23, Liesing)

Die schönste Stelle am Liesingbach befindet sich dort, wo die *Dürre Liesing* (die wie ein kleiner Wasserfall aus dem Felsen springt, aber auch vorübergehend zur Gänze versiegen kann) und *Reiche Liesing* (die wiederum häufig Hochwasser führt), zum *Liesingbach* zusammenfließen. Ein Stück unterhalb liegt am *Ambrosweg* ein bezaubernder Teich, an dessen blumenumsäumten Ufern sich Enten, Möwen und Graureiher tummeln. Früher ein Waldbach (was ihr slawischer Name „Liezniccha" bedeutet), ist die Liesing heute ein beschauliches Stadtgewässer, das auch im Winter eine hübsche Kulisse für einen romantischen Spaziergang bietet.

Adresse:
An der Liesing 48A (hinter dem Haus), 1230 Wien.

Öffnungszeiten:
bei freiem Eintritt ganzjährig rund um die Uhr.

Erreichbarkeit mit Öffis:
Postbus Linie 354, Station Breitenfurter Straße/Rodauner Straße.

Weitere romantische Naturbadeplätze
(bei freiem Eintritt)

Rosenwasser, Prater Hauptallee A, 1020 Wien, U-Bahn Linie 2, Station Stadion
Badeteich Hirschstetten, Ziegelhofstraße 64, 1220 Wien, Autobus Linie 85A, Station Badeteich Hirschstetten.
Badeplatz Kaiserwasser, Weissauweg1, 1220 Wien, U-Bahn Linie 1, Station Kaisermühlen-VIC.

Rebenwandern in den Wiener Weingärten

(Wien 19, Döbling, Wien 21,
Floridsdorf, und Wien 23, Liesing)

Einzigartig für eine Großstadt, verfügt Wien über insgesamt 700 + 0,017 Hektar Weinbaugebiet, das sich über einige Bezirke und zahlreiche alte Weinorte, wie beispielsweise *Neustift*, *Nussdorf*, *Grinzing*, *Sievering*, *Strebersdorf* und *Mauer*, erstreckt – die Reben gedeihen am besten, wo die Donau und der nahe Wienerwald ein ideales Klima schaffen.

Die 0,017 Hektar beziehen sich auf den kleinsten Weingarten mitten in Wien, gelegen im Vorgarten eines Hauses am Schwarzenbergplatz, der laut mündlicher Überlieferung zu Zeiten der ausgehenden Habsburgermonarchie angelegt wurde. Ausgepflanzt wurde damals ein „gemischter Satz", und auch heute noch tragen die dort wachsenden Reben Trauben verschiedenster Sorten, unter anderem Grünen Veltliner.

Jedes Jahr im Herbst können im Weinbaugebiet von Wien die Gärten der Winzer auf verschiedensten Routen durchwandert und dabei Interessantes über die Bedeutung des Weins in der Gegenwart sowie geschichtliche Details in Erfahrung gebracht werden. Man erhält dabei beispielsweise die Information, dass in Wien, damals Vedunia („weißer Boden"), die Kelten als erstes Volk den Wein zu kultivieren begann und die Römer den Rebenanbau in Vindobona („weiße Siedlung") fortführten. Es heißt weiter, dass im Jahr 1450 der Wein so sauer war, dass Kaiser Friedrich III. verfügte, ihn beim Turmbau des Stephansdoms statt Wasser dem Mörtel beizufügen, damit er nicht weggeleert werden musste. Darüber erzählt die Legende, dass die Türken aufgrund ihrer Plünderungen der Weinkeller im Jahr 1683 und des damit einhergehenden ständig erhöhten Alkoholspiegels in ihrer Kampfkraft geschwächt waren und somit die Befreiung Wiens den Winzern zu verdanken ist.

Bei diesen Weinwanderungen im Kreise anderer Liebhaber des Rebensaftes kann man natürlich an etlichen Buden mit Büffet und

Weinverkostung haltmachen, sich stärken und auf den Abend zu zweit einstimmen.

In dem Ort *Neustift* gibt es auf dem Wanderweg einen wunderschönen „Kuss-Punkt" für Verliebte: An einer Stelle im Weinberg, die durch eine Tafel gekennzeichnet ist, hat sich der Dichter *Ferdinand Raimund* (1790–1836) am 10. September 1821 mit seiner großen Liebe Antonie Wagner vor der *Mariensäule* verlobt. Er war damals jedoch noch mit der Soubrette Louise Gleich verheiratet, mit der er die Ehe jedoch nur aus Dankbarkeit für ihre Pflege während seiner schweren Krankheit – und weil auch dazu gedrängt vom Wiener Publikum – geschlossen hatte. Raimund war zuvor jedoch bereits in seine Toni verliebt und machte ihr daher 1819 einen Heiratsantrag, wurde aber von den Eltern der jungen Frau abgewiesen. Zu seinem ersten Hochzeitstermin mit Louise Gleich im darauffolgenden Jahr erschien der Dichter erst gar nicht und musste daraufhin vor dem Publikum öffentlich Abbitte leisten. Die Ehe wurde dann am 8. April 1820 aber doch noch geschlossen. Nach der Scheidung im Jahr 1822 erkannten Antonia Wagners Eltern die Beziehung Raimunds zu ihrer Tochter erst 1827 an, woraufhin die beiden erstmalig offiziell ein Paar wurden und bis zum Tod des Dichters auch blieben – allerdings ohne Eheschließung, weshalb Toni auch als „lebenslange Verlobte Raimunds" bezeichnet wird.

Wer sich lieber chauffieren lässt, der fährt mit dem *Vienna-Heurigen-Express*, und zwar auf der Strecke der ehemaligen Dampflok-getriebenen Zahnradbahn, die von 1874 bis 1919 die Heurigenbesucher in die idyllischen Weinbaugebiete brachte. Die auf dem Weg liegenden alten Orte sehen heute noch fast wie damals aus und erinnern an die früheren Traditionen: *Nussdorf* – über den *Kahlenberg* – nach *Grinzing* – zurück nach Nussdorf. Nahe der Einstiegsstelle bzw. der Endstation befindet sich auch der verträumte Nussberg, auf dem einst Nussbäume und Haselnusssträucher wuchsen.

Einen dieser wunderschönen Weinberge in *Grinzing* besaß einst ein gewisser Karl Anton Klammer, ein österreichischer k. k. Offizier und literarischer Übersetzer. Er erwarb das Stück Land mithilfe einer Abschlagszahlung, zu der er den Dramatiker Bertold Brecht zwang, weil dieser einige Lieder des spätmittelalterlichen Dichters François Villon für seine „Dreigroschenoper" ohne Hinweis auf den Urheber verwendete. Klammer forderte ein Viertel Prozent von den Tantiemen und nannte den auf seinem Weinberg gekelterten Rebensaft „Dreigroschenwein".

Am Ende der Zahnradbahnstraße beginnt ein besonders romantischer Spazierweg: der *Beethovengang*, benannt nach dem Komponisten Ludwig van Beethoven (1770–1827), der sich neben dem idyllisch dahinplätschernden Schreiberbach im Herzen von Nussdorf bis hinauf zum *Denkmal „Beethovenruhe"* schlängelt. Der Musiker selbst soll dort häufig gewandert sein und sich anschließend beim Heurigen bei einem Achterl Wein gestärkt haben, angeblich trug er dabei gerne einen blauen Frack mit Messingknöpfen, einen Zylinder, den er nach hinten schob, und ein weißes Halstuch mit langen Zipfeln. Und im Haus mit der Hausnummer 13 in der *Dreimarksteingasse* hat Johann Strauss Sohn im Alter von sechs Jahren, inspiriert von der kontemplativen Umgebung, seinen ersten Walzer komponiert, eine liebliche kleine Komposition mit dem Namen „Erster Gedanke".

Romantik-Tipp

Auf den Spuren der Kelten und Römer über die sanften Hänge marschieren, auf den sonnenlichtdurchfluteten Wegen zwischen den Reben schlendern und sich bei einem Picknick am Blick über das Land erfreuen – das ist am schönsten zu zweit und besonders herrlich im Herbst, wenn sich das Laub zu verfärben beginnt und die Weingärten in den schönsten Farben schillern. Plant man als Weinfreund, sich in Wien an einem wildromantischen und zugleich historisch bedeutenden Platz zu verloben, empfiehlt sich die *Mariensäule* auf dem Wanderweg in *Neustift*, wo einst Ferdinand Raimund endlich zu seiner großen Liebe Antonie Wagner fand.

Adressen:

Weingarten mitten in Wien: Schwarzenbergplatz 2, 1010 Wien.

Vienna-Heurigen-Express (Abfahrtsstelle): Zahnradbahnstraße 8, 1190 Wien.

Mariensäule: Mitterwurzergasse, 1190 Wien.

Öffnungszeiten:

Weingarten mitten in Wien: öffentlich nicht zugänglich, von außen einsehbar.

Vienna-Heurigen-Express (Abfahrtsstelle): von Anfang April bis Ende Oktober, Freitag, Samstag und Sonntag 12:00 bis 18:00 Uhr zu jeder vollen Stunde (Station Kahlenberg plus 20 Minuten, Station Grinzing plus 40 Minuten). cityscenictours.at

Mariensäule: bei freiem Eintritt ganzjährig rund um die Uhr.

Erreichbarkeit mit Öffis:

Weingarten mitten in Wien: Straßenbahn Linien 71 und D, Station Schwarzenbergplatz.

Vienna-Heurigen-Express (Abfahrtsstelle): Straßenbahn Linie D, Endstation Nußdorf Beethovengang.

Mariensäule: Autobus Linie 35A, Station Agnesgasse.

Fernöstliche Gartenkunst in der Parallelwelt des Setagayaparks
(Wien 19, Döbling)

Um eine eher unbekannte, zugleich aber eine der schönsten und außergewöhnlichsten Grünanlagen in Wien, handelt es sich bei dem 0,4 Hektar großen Setagayapark, in dem man sich beim Durchschreiten des Tors automatisch in eine Art verzaubernde Parallelwelt beamt. Und so verwundert es kaum, dass auf dem Steinmonument am Eingang in japanischen Buchstaben das Wort „Furomon", was „Paradies" bedeutet, prangt. Der Besucher wird überwältigt von der Ästhetik des Ortes und den positiven Energien, die in der fernöstlichen Philosophie eine wichtige Rolle spielen und daher einen wichtigen Bestandteil der asiatischen Gartengestaltung darstellen.

Auf einem gemeinsamen Spaziergang entdeckt man eine in

einem Steinwürfel entspringende Quelle, einen Seerosenteich sowie Bachläufe mit kleinen Wasserfällen, außerdem ein Bambustor, einen malerischen Pavillon und eine anmutig geschwungene Holzbrücke, die von einem Ufer des Teiches zum anderen führt. Dort befindet sich ein weißer Kiesstrand, an dem sich Schildkröten sonnen.

In einer fernöstlichen Parkanlage hat jedes Detail eine bestimmte Bedeutung, die sich auf den Shintoismus, den religiösen Glauben der Japaner, bezieht: Die, den vom Himmel herabsteigenden Göttern gewidmeten, Steine beispielsweise symbolisieren die Tiere, die in die Natur eingebunden sind, Moos steht für das Alter und die damit verbundene Ehre, Bäume wiederum versinnbildlichen das Leben und das Menschsein.

Angelegt wurde der Setagayapark im Jahr 1992, um damit das Freundschafts- und Kulturabkommen zwischen Wien und dem Stadtteil Setagaya in Tokyo zu besiegeln.

Der erste japanische Garten entstand allerdings bereits im Jahr 1873 im Prater, den wenige Tage nach der Eröffnung das Kaiserehepaar Franz Joseph I. und Elisabeth besucht und bewundert hat.

Die nächste Anlage im fernöstlichen Stil legte der Banker Nathaniel Rothschild zwischen 1880 und 1884 auf der Hohen Warte an – „Klein-Japan" nahm ein Drittel eines 30 Meter langen Glashauses ein, in dem sich unter anderem jene Venus aus weißem Marmor befand, die heute bei den Orchideen in den *Blumengärten Hirschstetten* zu sehen ist.

Neben anderen war auch Erzherzog Franz Ferdinand von Österreich-Este ein großer Fan der japanischen Gartengestaltung. Im Rahmen einer wissenschaftlichen Expedition führte ihn seine Weltreise in den Jahren 1892/93 nach Japan – damals notierte er in sein Tagebuch über die botanischen Künste seiner Gastgeber:

Um die Natur dem Menschen näher zu rücken, wird getrachtet, alles niedlich, klein, zwerghaft zu gestalten und ihr den Stempel der Laune des Gartenkünstlers aufzuprägen; alles, was wir in Japans Garten sehen, ist „herzig" – kaum ein anderes Wort ist hiefür so charakteristisch. Ein sonderbar geform-

ter Haufen weißen Sandes in dem Garten des Landhauses heißt die „Silberne Sandplattform", das Wasseräderchen, welche die Anlage durchrieselt, führt den Namen „Quelle, in welcher der Mond badet", ein Stein im Teichlein ist „Stein der Betrachtung" benannt u. dgl. mehr.

Ab 1913 gab es dann auch in Schönbrunn, nahe dem Palmenhaus, einen japanischen Steingarten. Der wurde aber vernachlässigt und erst 1966, zu dem Zeitpunkt bereits total mit Efeu überwuchert, wiederentdeckt – von einer in Wien lebenden Japanerin, deren Vater als Gärtner arbeitete. In den 1990ern instand gesetzt, ist er heute ein fixer Bestandteil der Parkanlage.

Romantik-Tipp

Wer im Herbst mit seinem Schatz im Setagayapark spazieren geht, sollte unbedingt das *Teehaus* am Ufer des Teichs inmitten eines Bambushains besuchen, in dem auch traditionelle Teezeremonien stattfinden. Dort kann man sich in eine versteckte Ecke zurückziehen und bei japanischem Tee aufwärmen. Lustwandelt man allerdings im Frühling verträumt durch die nach fernöstlichen Gartenkunst-Traditionen gestaltete Grünanlage, erlebt man die Kirschbäume in ihrer herrlichsten Pracht und wird eingehüllt in den intensiven Duft der Magnolienblüte. Darüber hinaus macht es großen Spaß, diesen Park zu zweit zu erkunden und zu „verstehen" – anders als bei europäischen sind japanische Gärten nämlich interaktiv angelegt, sodass ein Blick auf ein und denselben Punkt, allerdings aus verschiedensten Perspektiven, zu veränderten Eindrücken führt, was durch eine asymmetrische, dezentrale Anordnung erreicht wird. Hintergrund dieser Anordnung ist die Ermahnung, nicht einseitig zu denken oder zu urteilen. Ebenso einen philosophischen Hintergrund haben die gewundenen, unebenen Wege, die den Betrachter beim Gehen immer wieder auf seine unterschiedlichen Wahrnehmungen aufmerksam machen sollen.

Ebene, geradlinige Pfade sind nur dafür gedacht, den Blick in eine bestimmte Richtung zu lenken. Hintergrund bei jedem Spaziergang ist jedoch der beinahe hypnotische Frieden, den der Setagayapark ausstrahlt.

Ganz in der Nähe befindet sich ein interessantes Gebäude: eine ehemalige Fabrik für Insektenvertilgungsmittel, die im Stil einer persischen Moschee erbaut wurde.

Adressen:
Eingang Setagayapark: Ecke Hohe Warte/Barawitzkagasse, 1190 Wien.
Ehemalige Fabrik für Insektenvertilgungsmittel: Nußwaldgasse 14, 1190 Wien.

Öffnungszeiten:
Eingang Setagayapark: bei freiem Eintritt von April bis Oktober täglich von 7:00 Uhr bis zum Einbruch der Dunkelheit.
Ehemaligen Fabrik für Insektenvertilgungsmittel: öffentlich nicht zugänglich, Privatbesitz.

Erreichbarkeit mit Öffis:
Straßenbahn Linien 37, Station Barawitzkagasse.

Flowerpower am Stadtrand – die Blumengärten von Hirschstetten
(Wien 22, Donaustadt)

Grünanlagen gibt es in Wien viele – aber dieser herrlich bunte Garten Eden mit insgesamt rund drei Millionen duftenden Blumen ist erstens kein Platz, an dem sich die Großstädter üblicherweise aufhalten, und zweitens ebenso touristenfreie Zone, also ideal für verliebte Pärchen.

Bei der Anlage, die von 1952 bis 1960 angelegt wurde, handelt es sich um die Blumengärten Hirschstetten, einem Kultivierungsbetrieb der Wiener Stadtgärten (MA 42). Das Herz des 24 Hektar umfassenden Areals ist das Florianum, das sich aus einer Vielzahl verschiedener, teilweise exotischer Themengärten (etwa mexikanisch, indisch oder chinesisch, Fünf-Kontinente, Wildpflanzen, Rosen, Urzeit oder Irrgarten) und einigen Attraktionen, wie etwa einem begehbaren Bienen- und Palmenhaus, zusammensetzt. Darüber hinaus kann man vom Aussterben bedrohte Tierarten, wie beispielsweise Ziesel, Habichtskauz oder Äskulapnattern, beobachten (daher ist die Mitnahme von Hunden in die Anlage untersagt).

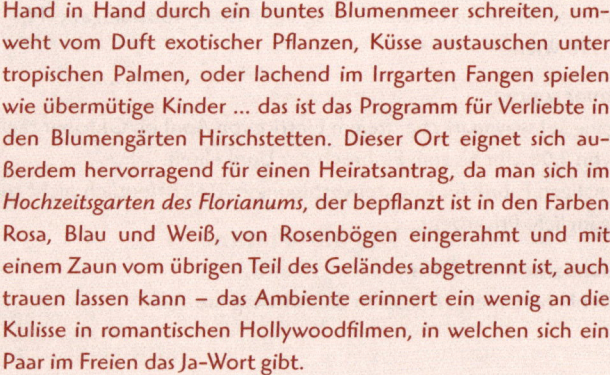

Romantik-Tipp

Hand in Hand durch ein buntes Blumenmeer schreiten, umweht vom Duft exotischer Pflanzen, Küsse austauschen unter tropischen Palmen, oder lachend im Irrgarten Fangen spielen wie übermütige Kinder ... das ist das Programm für Verliebte in den Blumengärten Hirschstetten. Dieser Ort eignet sich außerdem hervorragend für einen Heiratsantrag, da man sich im *Hochzeitsgarten des Florianums*, der bepflanzt ist in den Farben Rosa, Blau und Weiß, von Rosenbögen eingerahmt und mit einem Zaun vom übrigen Teil des Geländes abgetrennt ist, auch trauen lassen kann – das Ambiente erinnert ein wenig an die Kulisse in romantischen Hollywoodfilmen, in welchen sich ein Paar im Freien das Ja-Wort gibt.

Eng aneinander kuscheln kann man sich in den Blumengärten Hirschstetten aber auch im Winter auf dem kitschig schönen *Adventmarkt*, der dort veranstaltet wird, wo die Bäume mit bunten strahlenden Lichtern geschmückt sind und der Geruch nach gebrannten Mandeln und fruchtigem Punsch weihnachtliche Stimmung verbreitet.

Adresse:
Quadenstraße 15, 1220 Wien.

Öffnungszeiten:
bei freiem Eintritt von 1. April bis 12. Oktober: Dienstag bis Sonntag
von 10:00 bis 18:00 Uhr, von Juni bis August zusätzlich Freitag und
Samstag von 10:00 bis 20:00 Uhr. Und 14. Oktober bis 27. März
(nur Palmenhaus): Dienstag bis Freitag von 10:00 bis 15:00 Uhr und
Sonntag von 10:00 bis 18:00 Uhr.

Erreichbarkeit mit Öffis:
Südeingang: Autobus Linien 22A, 95A und 95B, Station Blumengärten
Hirschstetten, oder Straßenbahn Linie 26, Station Spargelfeldstraße
oder Ziegelhofstraße.
Nordeingang: U-Bahn Linie 1, Station Kagraner Platz, oder U-Bahn
Linie 2, Station Hausfeldstraße.

... und weitere Geheimtipps für Verliebte

Die alte Platane
(Wien 1, Innere Stadt)

Eine nicht einmal bei den Wienern allzu bekannte, aber ganz besonders romantische Stelle sind die zehn Bänkchen unter der alten
Platane am Ende der Wollzeile, hinter dem *Lueger-Denkmal*.
Bei diesem beeindruckenden Baum, der bereits 1928 gepflanzt
wurde und heute zu den Naturdenkmälern Wiens zählt, herrscht
eine bemerkenswert friedliche, ruhige Stimmung, während rundherum das Stadtleben pulsiert: Links und rechts befinden sich
Kaffeehäuser, Eissalons und Bars, weshalb man sich im Sommer
auf diesem Platz mit seinem zurückhaltenden Charme fühlt wie
inmitten eines Ferienorts am Mittelmeer, während die ausladende
Krone der Platane wohltuenden Schatten spendet. Am Nordrand
der Fläche können die Reste der *Stubenbastei* (Teil eines im 16.
und 17. Jahrhundert angelegten Befestigungswerks) besichtigt
werden.

Adresse:
Dr.-Karl-Lueger-Platz, 1010 Wien.

Öffnungszeiten:
bei freiem Eintritt ganzjährig rund um die Uhr.

Erreichbarkeit mit Öffis:
U–Bahn Linie 3 oder Straßenbahn Linie 2, Station Stubentor.

Bootsverleih am Heustadelwasser
(Wien 2, Leopoldstadt)

Diese Location ist etwas für die Art Romantiker, die originelle Schrulligkeit und Reduktion auf das Wesentliche zu schätzen wissen. Am Heustadelwasser an der Stadionallee, aufgrund seiner smaragdgrünen Farbe auch Prater-Amazonas genannt, gibt es einen charmanten kleinen Bootsverleih mit alter Geschichte und selbst gemachten Wasserfahrzeugen. In dem urigen Gastraum des Buffets serviert man den Gästen zur Stärkung nach einem langen Spaziergang oder der Jogging-Runde Schinkenbrote mit frischem Kren, Eieraufstrich-Semmeln oder Liptauer-Salzstangen. Aber es wird auch täglich frisch gekocht, und so duftet es beinahe durchgehend nach starker Rindssuppe, deftigem Braten oder würzigen Käsenocken. Im Winter, wenn man auf dem Gewässer Schlittschuhlaufen kann, gibt es außerdem fruchtigen Punsch oder starken Glühwein. Der Wirt des Lokals, ein echtes Wiener Original, steht im Sommer entweder im Schottenrock hinter dem Herd, lässt die Tretboote zu Wasser oder plantscht mit seinen Hunden selbst im Amazonas. Und im Winter saust er häufig auf seinen alten Eislaufschuhen über die zugefrorene Oberfläche des Heustadelwassers – sein Motto lautet: Das Leben ist zu kurz, um nicht das tun, was man gern macht.

Adresse:
Stadionallee 1, 1020 Wien.

Öffnungszeiten:
bei freiem Eintritt ganzjährig, je nach Wetterlage, Auskunft unter
0676/75 19 369.

Erreichbarkeit mit Öffis:
U-Bahn Linie 2, Station Stadion, ca. 10 Minuten Fußweg über
   Meiereistraße.

Volkspark Laaerberg
(Wien 10, Oberlaa)

In dieser kleinen und wenig frequentierten Stadtoase gibt es weit-
läufige Wiesen mit mächtigen, uralten Föhren sowie einen großen
Teich, an dessen Ufern die Weiden ihre langen Zweige ins Wasser
hängen lassen – ein ganz besonders romantisches Stückchen Erde.

Adresse:
Ludwig-von-Höhnel-Gasse, 1100 Wien.

Öffnungszeiten:
bei freiem Eintritt ganzjährig rund um die Uhr.

Erreichbarkeit mit Öffis:
Autobus Linie 15A, Station Neulandschule.

Dachterrasse der Hauptbücherei
(Wien 15, Rudolfsheim-Fünfhaus)

Einen der schönsten Blicke auf Wien, auf einer der kultigs-
ten Dachterrassen der Stadt, genießt man auf dem Schiff der
Hauptbücherei am Gürtel – sobald man die 102 Stufen an der
Außenseite des Gebäudes erklommen hat. Zuerst kann man ein
wenig in den rund 1,2 Millionen Büchern stöbern oder seine Nase
in alten Zeitungen von anno dazumal vergraben, bevor man Arm
in Arm emporklettert, um von hoch über den Dächern Wiens auf
das geschäftige Treiben bei Tag oder auf die glitzernden Lichter
bei Nacht zu schauen. Wer zwischendurch ein Glas Sekt trinken
möchte, der besucht das *Café-Restaurant „Oben"* auf der riesigen
Terrasse, in dem häufig auch coole Events stattfinden.

Adresse:
Urban-Loritz-Platz 2a, 1070 Wien.

Öffnungszeiten:
Bücherei: bei freiem Eintritt ganzjährig Montag bis Freitag 11:00 bis
19:00 Uhr und Samstag von 11:00 bis 17:00 Uhr.
Café-Restaurant „Oben": Montag bis Donnerstag 10:00 bis 23:00 Uhr,
Freitag und Samstag 9:00 bis 23:00 Uhr und Sonntag 10:00 bis
15:00 Uhr.

Erreichbarkeit mit Öffis:
U-Bahn Linie 6, Station Burggasse, oder Straßenbahn Linie 6,
Endstation Burggasse-Stadthalle.

Lidlpark
(Wien 17, Hernals)

Der kleine, aber feine Lidlpark zieht seine Besucher vor allem im
Frühling in seinen Bann, da dort zu dieser Zeit zahlreiche japa-
nische Zierkirschenbäume blühen. Sie sind ein Geschenk der asi-
atischen Partnerstadt Fuchu. Besonderheit: An der Wand in der
Anlage darf legal Graffiti gesprüht werden. Einer romantischen
Liebeserklärung mit Spray auf Beton steht also nichts mehr im
Wege.

Adresse:
Lidlgasse, 1170 Wien.

Öffnungszeiten:
bei freiem Eintritt ganzjährig rund um die Uhr.

Erreichbarkeit mit Öffis:
Straßenbahn Linie 43, Station Hernalser Hauptstraße/Wattgasse.

Pötzleinsdorfer Schlosspark
(Wien 18, Währing)

Beim Pötzleinsdorfer Schlosspark, der bereits im 13. Jahrhundert angelegt wurde, handelt es sich um eine lauschige Grünanlage mit zahlreichen verschwiegenen Winkeln und romantischen Einbauten wie einem tempelartigen Lusthaus sowie einer Badegrotte. In den hohen Wiesen tauchen hin und wieder Rehkitze auf. Auf dem Hauptweg zum Schloss stehen vier *Attikastatuen* („Singendes Quartett"), die vom 1881 ausgebrannten Ringtheater stammen.

Adresse:
Pötzleinsdorfer Straße/Geymüllergasse, 1180 Wien.

Öffnungszeiten:
bei freiem Eintritt ganzjährig ab 7:00 Uhr, Samstag und Sonntag ab 8:00 Uhr, bis zum Einbruch der Dunkelheit.

Erreichbarkeit mit Öffis:
Straßenbahn Linie 41, Station Pötzleinsdorf.

Floridsdorfer Wasserpark
(Wien 21, Floridsdorf)

Die 1929 fertiggestellte 14,3 Hektar große Grünanlage entstand aus einem Auwald am nördlichen Ende der Alten Donau, einem ursprünglich morastigen und sumpfigen Gelände. Es gibt zwei Teiche, die durch Kanäle verbunden sind, sowie eine große Insel. Die Wege wurden mit Gneissteinen gefasst und mit romantischen Laternen beleuchtet, über die Kanäle kleine, spitze Brücken gebaut, was dem Park einen romantischen Pariser Flair verleiht. Verliebten sollte an dieser Stelle ein *je t'aime* besonders leicht über die Lippen gehen.

Adresse:
Am Nordbahndamm, 1210 Wien.

Öffnungszeiten:
bei freiem Eintritt ganzjährig rund um die Uhr.

Erreichbarkeit mit Öffis:

U–Bahn Linie 6, Station Neue Donau, Autobus Linie 33A oder
Straßenbahn Linie 31, Station Matthäus-Jiszda-Straße.

Auf Schienen durch den Donaupark
(Wien 22, Donaustadt)

Die bekannte *Liliputbahn im Prater* befördert jährlich über
100.000 Passagiere, ihre kleine Schwester, die seit 1964 auf
3,4 Kilometern Schiene durch den weitläufigen *Donaupark* tu-
ckert, benutzen hingegen fast nur Eingeweihte. Während die
Prater-Loks mit Altöl betrieben werden, das von den Fritteusen
der Vergnügungsparklokale direkt in die Tanks fließt, fährt der
Zug im 22. Bezirk mit Diesel. Er chauffiert seine Insassen, die
sich auf den Bänken eng zusammenkuscheln müssen, um in den
Kurven nicht halb aus den Wägen zu kippen, zu den Stationen
Donauturm, *Donau-City* und *Rosenschau*. Auf der rund
20 Minuten lang dauernden Fahrt entdeckt man so manch ver-
borgenes Plätzchen, das man danach zu Fuß erkunden kann, um
inmitten saftiger Wiesen und prächtiger Blumenbeete zu zweit die
Seele baumeln zu lassen und Zärtlichkeiten auszutauschen.

Adresse:
Donaupark, 1220 Wien.

Öffnungszeiten:
von Mitte März bis Mitte Oktober täglich von 10:00 bis 18:00 Uhr.

Erreichbarkeit mit Öffis:
Donauturm: U–Bahn Linie 1, Station VIC/Kaisermühlen, oder Autobus
Linie 20B, Station Donauturm.
Donau-City: U–Bahn Linie 1, Station Donauinsel oder VIC/
Kaisermühlen.
Rosenschau: U–Bahn Linie 1, Station Alte Donau.

Mülldeponie am Rautenweg
(Wien 22, Donaustadt)

Will man mitten in Wien einen entspannenden Ausflug in die Natur unternehmen, besucht man einen der zahlreichen wunderschönen Parks! Oder, so absurd das im ersten Moment klingen mag, die Mülldeponie am Rautenweg. Bei der 60 Hektar großen Hightech-Anlage mit 14 Kubikmeter Schüttvolumen handelt es sich nämlich nicht nur um den größten Mistplatz Österreichs, sondern aufgrund dessen steppenartiger Beschaffenheit um die Heimat vieler seltener Pflanzen und Tiere. Man setzt also neben Abfallbeseitigung auf Artenschutz, bietet Bocksdorn, verschiedenste Disteln und Rosenarten, Rauken, Greiskraut, Königskerzen, Karde, Rittersporn und dem besonders seltenen Zwerg-Schneckenklee ebenso ein Zuhause, wie Enten, Krähen, Rehen, Hasen, 26 Schmetterlingsarten, 47 Spinnenarten, 43 Laufkäferarten, Heuschrecken und der streng geschützten Haubenlerche. Darüber hinaus gibt es auch noch einen „Streichelzoo", da auf dem Areal Pinzgauer Ziegen als lebende Rasenmäher gehalten werden.

Es lohnt sich also, einen romantischen Ausflug zur Mülldeponie am Rautenweg zu unternehmen und dort Pflanzen und Tiere in einem natürlichen Lebensraum, wo man ihn am wenigsten vermutet hätte, zu erleben.

Adresse:
Rautenweg 83, 1220 Wien.

Öffnungszeiten:
Führungen von Mai bis Oktober, jeden Freitag um 14:00 Uhr
sowie jeden ersten Samstag im Monat um 10:00 Uhr (nur bei
Schönwetter).

Erreichbarkeit mit Öffis:
Autobus Linie 85A, Station Spargelfeldstraße/Rautenweg.

Romantische Sehenswürdigkeiten und Denkmäler

Innig umschlungen, umhüllt von glitzerndem
Schnee. Es sind Lauschende.
SENRYŪ ZUM RICHARD-STRAUSS-DENKMAL./GABRIELE
HASMANN, ÖSTERR. SCHRIFTSTELLERIN, *1968

An sehr vielen Plätzen in der Stadt stehen bemerkenswerte Gebäude und Denkmäler, die so manche Liebesgeschichte zu erzählen hätten, könnten sie sprechen.

Die Häuser, erbaut und bewohnt von Menschen, die ihr Herz verschenkten, sich darüber in Glückseligkeit durch die Räume bewegten und dort ihre Gefühle ausatmeten – sie besitzen diese positiven Energien noch heute und teilen sie mit ihren Gästen. Denkmäler, geschaffen zur Erinnerung an ehrenvolle Taten oder unvergessliche Vorkommnisse – ein Abbild bedeutender Persönlichkeiten, die ebenfalls liebten und geliebt wurden.

Jedes Bauwerk, jede Skulptur verströmt Geschichte, und damit zugleich auch pure Romantik.

Wo die Habsburger reiten lernten – die Spanische Hofreitschule

(Wien 1, Innere Stadt)

Die Hofburg bildete über mehrere Jahrhunderte lang das Zentrum des Habsburgerreiches. Bei einem Besuch der prunkvollen historischen Räumlichkeiten kann man unter anderem die *Schatzkammer* mit riesigen, funkelnden Edelsteinen, die *Silberkammer* mit originalen Gebrauchsgegenständen aus dem kaiserlichen Haushalt der k. k. Monarchie und ein *Sisi-Museum* besichtigen.

In dem prunkvollen Gebäude hat sich einst die Lovestory zwischen *Rudolf von Österreich-Ungarn*, der im Jahr 1889 in Mayerling zu Tode kam, und seiner Geliebten, der *Baronesse Mary Vetsera*, entwickelt. Die junge Frau ist in der Hofburg regelmäßig durch Geheimgänge in den Keller geschleust und zu den Privatgemächern des Kronprinzen im ersten Stock (neben dem Schweizertor) gebracht worden, um kein Aufsehen zu erregen. Sie hatte allerdings trotz der heftigen Romanze bis zuletzt eine Rivalin im Kampf um Rudolfs Herz, die langjährige Geliebte des Kronprinzen, Mizzi Kaspar. Bei ihr hat er auch die letzte Nacht vor seiner Fahrt nach Mayerling verbracht und sie gebeten, sich mit ihm gemeinsam das Leben zu nehmen. Als sie ablehnte, nahm er Mary Vetsera, die ihn aufrichtig liebte und verehrte, mit aufs Land und in den Tod.

An der Nordseite des Bauwerks ist im Michaelertrakt die Spanische Hofreitschule untergebracht, die ursprünglich unter anderem der reiterlichen Ausbildung der kaiserlichen Familie diente. Darüber hinaus wurden dort Tiere wie Menschen für Reiterschlachten trainiert und darüber hinaus zu „vollendeten Kavalieren" erzogen. Seit etwa 500 Jahren werden in der Institution die bekannten weißen Lipizzaner trainiert, die als besonders robust und gelehrig gelten. Schon die alten Römer spannten sie vor ihre Prunk- und Streitwagen – man nannte die edlen

Rösser damals *Caesars blendend weiße Rosse, die ihm Hispanien gesandt.*

Im Jahr 1572 erstmalig als „spanischer Reitstall in der Wiener Hofburg" urkundlich erwähnt, erhielt die Einrichtung Anfang des 19. Jahrhunderts den Namen „Spanische Hofreitschule". Die Bezeichnung bezieht sich auf die ursprüngliche Heimat der Pferde, die auf der Iberischen Halbinsel liegt.

Der in Spanien geborene Ferdinand I. ließ um 1525 die Stallungen bei der Hofburg (Sommerreitschule) ausbauen, 1552 brachte sein Sohn, Kaiser Maximilian II., die ersten spanischen Pferde nach Österreich. Auf sein Betreiben hin wurde etwa zehn Jahre später im Ausland mit der Zucht der weißen Rösser begonnen. Im September 1565 wendeten die Habsburger einen hohen Geldbetrag *zur Aufrichtung des Thumblplatz im Garten in der Burg* in Wien auf, erst ab diesem Zeitpunkt waren die Leibpferde der Habsburger in der Hofburg untergebracht und wurden auch dort trainiert. Daher gilt dieses Jahr offiziell als Gründungsdatum der Spanischen Hofreitschule.

1580 richtete Erzherzog Karl, der Bruder Maximilians II., das Gestüt im damals österreichischen Lipizza (heute Lipica in Slowenien) ein, von dem die Pferde ihren Namen haben, auch wenn sich dieser erst Ende des 18. Jahrhunderts eingebürgert hat. Er ließ einen *Marstall und Stutterey anrichten, allda die besten Pferde gezogen und dem Keyserlichen Hofe zugeführt werden.* Man verwendete die Tiere damals zum Paradereiten und spannte sie vor Kutschen.

1681 erging unter Kaiser Leopold I. der Befehl, *zu Wienn auf dem Tumelplatz eine neue Reitschul* errichten zu lassen. Zuvor führte der Regent in Wien das „Rossballett" ein, das an italienischen Höfen zu dieser Zeit bereits en vogue war. Zum ersten Mal zur Musik tanzten die Tiere in der Hofburg dann am 24. Jänner 1667, bei Leopolds Vermählung mit seiner Nichte und Cousine Margarita Theresa von Spanien – die Vorführung sollte einen Liebesbeweis für die damals erst 16-jährige Frau darstellen.

Von 1729 bis 1735 baute Josef Emanuel Fischer v. Erlach auf Befehl Karls VI. an der Stelle des alten „Ross-Tumblplatzes" die Winterreitschule. Auch heute noch ziehen die Bereiter bei Betreten der Reitbahn daher ihren „Hut" vor dem Bildnis Kaiser Karls VI..

72

Im 19. Jahrhundert stellte sich die Spanische Hofreitschule bereits so dar, wie man sie heute noch vorfindet, auch die Empire-Uniformen der Schulreiter haben sich seitdem nicht mehr verändert: kaffeebrauner hochgeschlossener Frack, inklusive versteckter Zuckertasche, weiß-gelbliche Hirschlederhosen, hohe schwarze Lackstiefel, weiße Rehlederhandschuhe und goldbordierter Zweispitz auf dem Kopf.

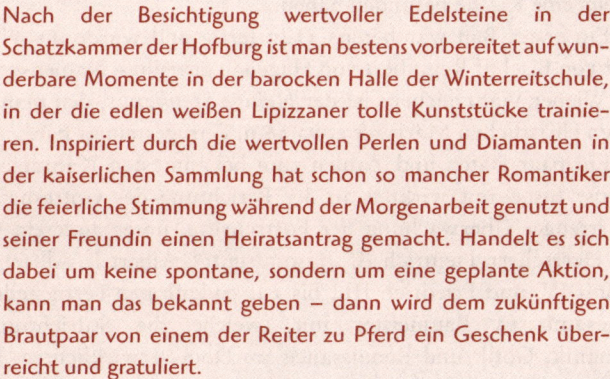

Romantik-Tipp

Nach der Besichtigung wertvoller Edelsteine in der Schatzkammer der Hofburg ist man bestens vorbereitet auf wunderbare Momente in der barocken Halle der Winterreitschule, in der die edlen weißen Lipizzaner tolle Kunststücke trainieren. Inspiriert durch die wertvollen Perlen und Diamanten in der kaiserlichen Sammlung hat schon so mancher Romantiker die feierliche Stimmung während der Morgenarbeit genutzt und seiner Freundin einen Heiratsantrag gemacht. Handelt es sich dabei um keine spontane, sondern um eine geplante Aktion, kann man das bekannt geben – dann wird dem zukünftigen Brautpaar von einem der Reiter zu Pferd ein Geschenk überreicht und gratuliert.

Adressen:

Hofburg: Innerer Burghof, 1010 Wien.

Spanische Hofreitschule: Michaelerplatz 1, 1010 Wien.

Öffnungszeiten:

Hofburg: September bis Juni täglich von 9:00 bis 17:30 Uhr, Juli und August täglich von 9:00 bis 18:00 Uhr.

Spanische Hofreitschule (Morgenarbeit/geführte Rundgänge): Dienstag bis Freitag von 10:00 bis 12:00 Uhr/14:00, 15:00 und 16:00 Uhr.

Erreichbarkeit mit Öffis:

Hofburg/Spanische Hofreitschule: Autobus Linien 2A und 3A, Station Michaelerplatz, Straßenbahn Linien 1, 2 und D, Station Burgring.

Meister Puchsbaum und der Sturz vom Stephansdom

(Wien 1, Innere Stadt)

Der Platz, auf dem man im Jahr 1137 mit der Errichtung des rö-misch-katholischen Stephansdoms begonnen hat, lag damals noch außerhalb der Stadt und wies eine bewegte Vergangenheit auf: Vom 5. bis zum 1. Jahrhundert v. Chr. beschäftigten sich dort die Kelten mit Orakeln und kultischen Riten, danach wurde an der Stelle vermutlich ein römischer Tempel erbaut, und im Frühmittelalter soll sich dort ein Friedhof und im 9. Jahrhundert bereits eine Kirche befunden haben.

Ein erster Bau war bereits 1147 fertig und wurde im selben Jahr von Bischof Reginbert von Hagenau geweiht – Namensgeber des Wiener Wahrzeichens ist der *Heilige Stephanus*, den man als ersten christlichen Märtyrer etwa 36 n. Chr. gesteinigt hat.

Ein paar Daten und Zahlen zum bekanntesten Wahrzeichen Wiens: Insgesamt wirkten an der Errichtung des Gotteshauses bei strenger Überwachung der Fortschritte, unter anderem von den Herrschern Heinrich II. „Jasomirgott", Albert I., Albert II., Rudolf IV. und Friedrich III., bis zur endgültigen Fertigstellung insgesamt 19 Baumeister mit, welche die Stilrichtungen Romanik, Gotik und Renaissance am Dom verwirklichten. Der Stephansdom besitzt vier Türme (Süd- und Nordturm, und die zwei Heidentürme), fünf Tore (Riesen-, Singer-, Bischofs-, Adler- und Primglöckleintor) und 22 Glocken (elf davon, das Hauptgeläut, befinden sich im Südturm, im Nordturm hängt die weltbekannte *Pummerin*). Das Bauwerk ist 107,2 Meter lang, 34,2 Meter breit und wiegt geschätzte 200.000 Tonnen. Der höchste Punkt ist die Spitze des Südturms in einer Höhe von 136,44 Metern.

Für den Bau des Doms ist zuerst einmal Muschelkalksand, vorwiegend aus dem Leithagebirge, verwendet worden, den die Handwerker in Blöcken abtrugen und in Wien neu zu geomet-rischen Formen zusammensetzten. Als Versteinerungen waren darin Austernschalen und Kalkspatkristalle aus Seeigelhäusern zu finden. Daneben wurden Steine der alten Stadtmauer, bei wel-chen es sich um Umbauten der ursprünglichen Befestigung des

74

Römerlagers Vindobona handelte, und römische Grabplatten mit eingearbeitet.

Seine heutige Gestalt erhielt der „Steffl", der jährlich von über zwei Millionen Touristen besucht wird, im 14. Jahrhundert.

Einer der leitenden Baumeister in Wien zur Zeit der Errichtung von St. Stephan war *Hans Puchsbaum* (um 1390–1454), nach seinen Plänen hat man den Nordturm des Doms errichtet. Als dessen Bau jedoch eingestellt wurde, munkelten die Menschen, dass dies mit Puchsbaums Tod aufgrund seines Bunds mit dem Teufel zu tun hätte. Es hieß, er habe sich in Maria, die Tochter seines Chefs, Dombaumeister Hans Prachatitz, verliebt, und auch die junge Frau soll von dem fleißigen Mann sehr angetan gewesen sein. Der gestrenge Vater wollte einer Beziehung und späteren Heirat aber nur dann zustimmen, wenn der junge Baumeister den Nordturm innerhalb eines Jahres errichtete, und er dann so hoch wäre wie der Südturm. Der Teufel, den Puchsbaum um Hilfe bat, da es ihm allein nicht möglich war, diese Aufgabe zu erfüllen, verbot ihm, bis zur Fertigstellung des Baus den Namen der Jungfrau Maria auszusprechen. In der Zwischenzeit erteilte Hans Prachatitz seiner Tochter Ausgehverbot, sodass sich die jungen Leute nicht mehr sehen konnten. Doch eines Tages musste Maria einkaufen gehen und lief am Nordturm vorbei. Der verliebte Baumeister sah seine Angebetete von oben und rief ihren Namen – woraufhin der Teufel seine Seele holte.

Heute wird vermutet, dass Hans Puchsbaum damals tatsächlich eine Frau liebte, die er nicht haben durfte, und dass er während eines Kontrollgangs in luftiger Höhe aufgrund seines Liebeskummers unkonzentriert war, ausgerutscht und vom Gerüst in den Tod gestürzt ist. Der Nordturm wurde, trotz Fortführung des Baus unter einem neuen Architekten, nie fertiggestellt.

Aufgrund der Tatsache, dass Hans Puchsbaum nicht auf den 1627 geschaffenen „Meistertafeln" aufscheint, auf welchen alle Steinmetze und Baumeister Wiens angeführt sind, ihm diese Ehre also versagt blieb, ist ein Selbstmord ebenso denkbar.

Romantik-Tipp

Wichtige Stationen für Verliebte sind im Stephansdom der *Puchheim-Baldachin* in der Nordwestecke des nördlichen Seitenschiffs, der nach seiner Stifterin, Elisabeth von Puchheim, benannt ist und von Hans Puchsbaum im Jahr 1447 fertigge-stellt wurde. Darunter befindet sich ein *gotischer Altar* mit einem Herz-Jesu-Bildnis aus dem 18. Jahrhundert, an dem man für die Vereinigung mit der wahren Liebe beten kann, die dem erfolgreichen, aber privat glücklosen Baumeister Puchsbaum nicht vergönnt war. Danach unternimmt man eine Fahrt mit dem Lift zur Plattform des *Nordturms*, wo sich auch die *Pummerin*, die größte Glocke Österreichs mit einem Gewicht von 21.383 Kilo, befindet. Man freut sich zu zweit über den wunderschönen Blick auf Wien, und im Winter kann man dort oben den Sonnenuntergang über der Stadt beobachten. Wer jedoch lieber hinab- statt hinaufsteigt und sich lieber gru-selt, statt eine tolle Aussicht genießt, kann im Rahmen einer Führung die *Katakomben* mit den verbliebenen Skeletten und die Urnen der Habsburger besichtigen.

Adresse:
Stephansplatz 3, 1010 Wien.

Öffnungszeiten:
Stephansdom: bei freiem Eintritt ganzjährig Montag bis Samstag von
6:00 bis 22:00 Uhr, Sonntag 7:00 bis 22:00 Uhr.
Aufzug zur Pummerin: täglich von 8:15 bis 16:30 Uhr, im Juli und
August bis 18:00 Uhr.

Erreichbarkeit mit Öffis:
U-Bahn Linie 1, Station Stephansplatz.

Schloss Schönbrunn – Amour jenseits der höfischen Etikette

(Wien 13, Hietzing)

Beim Schloss Schönbrunn, in Kombination mit Romantik, denkt jeder wohl sofort an *Kaiser Franz Joseph I.* und „seine *Sisi*" – Stoff, aus dem die Träume sind und teilweise recht kitschige Filme entstanden. Auch wenn im Hause Habsburg-Lothringen nicht alles Gold war, was glänzte, dürfte es sich bei der Ehe viele Jahre lang um eine innige Liebesbeziehung gehandelt haben. Dennoch pflegte der Regent, ein stattliches Mannsbild mit vermutlich ein paar kleinen machoiden Staralüren, zumindest *ein* außereheliches Verhältnis – damit ist allerdings nicht die Romanze mit Hofschauspielerin *Katharina Schratt* gemeint, mit der Kaiser Franz Joseph von 1885 bis zu seinem Tod eine von inniger Freundschaft geprägte Beziehung verband (ob dabei jemals Lust und Erotik eine Rolle spielten, kann nicht mit Sicherheit gesagt werden). Jedenfalls wurde diese, wie auch immer geartete, Verbindung von Sisi, die schon früh vor dem streng reglementierten Leben am Wiener Hof floh und sich ab 1860 häufig auf Reisen begab, nicht nur abgesegnet, sondern sogar gefördert. Auch wenn sie später einmal in ihr Tagebuch schrieb, als ihr Gatte von einem Besuch bei der Freundin nach Hause kam: „*Kehrt heim von seiner Kuh, o welch ein Ochs bist du!*"

Bei dem tatsächlichen Verhältnis des Herrschers, das er von 1875 bis 1888 pflegte, handelte es sich um die körperliche Hingabe zu *Anna Nahowski*. Der Kaiser soll das schlanke, dunkelhaarige, erst 15-jährige Mädchen, das mit seiner Dienstmagd Lini unterwegs war, eines Morgens im Schönbrunner Schlosspark mit den Worten: „*Sie gehen aber fleißig spazieren!*" angesprochen und sich danach mit ihr sogleich für den nächsten Tag verabredet haben. Anna Nahowski hat am selben Abend in einem Büchlein vermerkt, dass diese Begegnung der glücklichste Moment ihres Lebens gewesen wäre, was sie auch später immer wieder betonte.

Die junge Frau befand sich zu diesem Zeitpunkt in einer lieblosen Zwangsehe mit einem reichen Seidenfabrikanten und zugleich spielsüchtigen Alkoholiker, und der Kaiser vereinsamte neben seiner reisefreudigen Gattin zusehends und sehnte sich nach Zuneigung und Zärtlichkeit. Es handelte sich bei dieser Annäherung also sicher nicht bloß um das Verhalten eines Schürzenjägers, sondern um den Hilferuf eines romantischen Mannes, der eine Frau umwerben und dabei Glücksgefühle verspüren wollte. „Sisi" ahnte nichts von den amourösen Anwandlungen ihres Gemahls, denn sie schrieb ihm voll des schlechten Gewissens, weil sie sich so selten am Hof aufhielt: *Deine früh ergrauten Haare, Stillen Vorwurf sprechen sie; Und die Treue langer Jahre, Ich verdiente sie wohl nie.*

Nach dieser ersten Kontaktaufnahme, früh morgens im Schlosspark, machte Franz Joseph I. Anna Nahowski den Hof, die sich allerdings nicht nur geschmeichelt fühlte, sondern sich aus vollem Herzen in den Regenten verliebte. Nach dem ersten Kuss schrieb die junge Frau in ihr Büchlein: *Ich hab' ihn wahrhaftig geküsst. Ich fühle es noch, der Bart war vom Regen nass.*

Wann genau die sexuelle Beziehung zwischen dem Kaiser und dem Mädchen begann, ist nicht belegt, vermutlich jedoch etwa drei Jahre nach dem ersten Aufeinandertreffen. Sicher ist nur, dass Anna Nahowski zu diesem Zeitpunkt bereits von ihrem ersten Mann geschieden, aber noch minderjährig war, und dass sie von „Ihrer Majestät" auf einem *Bänkchen im Tirolergarten* (Areal am Glorietteberg südlich des Tiergartens, in dem Erzherzog Johann zu Beginn des 19. Jahrhunderts ein Bauernhaus im Tiroler Stil errichten ließ) verführt wurde. Der Herrscher hatte sich dafür eine sehr günstig platzierte Sitzgelegenheit ausgewählt, die von außen nicht zu sehen war. Dennoch wurde das Paar von der Geheimpolizei überwacht, was nicht einmal Franz Joseph wusste.

Im *Tirolergarten*, in dem heute vom Aussterben bedrohte Haustierrassen gepflegt und präsentiert werden, haben sich die beiden in der warmen Jahreszeit häufiger getroffen, später, als ihm die heimlichen Stelldicheins am frühen Morgen und in freier Natur zu anstrengend wurden, besuchte der Kaiser die junge Frau bei ihr zu Hause. Anna wohnte bis 1885 mit ihrem zweiten Mann Franz Nahowski in einem Haus mit der Adresse Schönbrunner Allee Nr. 8, das über einen geheimen Eingang für ihren herrschaftlichen Liebhaber verfügte. Danach zogen sie und ihr Gemahl in eine Villa in der Maxingstraße Nr. 46/Ecke Weidlichgasse, die praktischerweise direkt neben dem Schlosspark lag – das Geld für dieses luxuriöse Heim stammte größtenteils vom Kaiser.

Nach seiner morgendlichen Körperhygiene, die bereits um vier Uhr mit einem Bad in einer Gummiwanne begann, schlich sich der Regent auf Zehenspitzen aus dem Schloss, ging in den Tiergarten „um den Tieren beim Erwachen zuzusehen", schlüpfte hinter der Menagerie durch ein Türchen hinaus auf die Maxingstraße und machte sich fröhlich pfeifend auf den Weg zu seiner Geliebten. Dort bekam er zuerst einmal ein stärkendes Frühstück, bevor man sich der körperlichen Liebe zuwandte. Herr Nahowski wurde zu jener Zeit „zufällig" mehrmals von seinem Arbeitgeber, der privilegierten Südbahngesellschaft, in die entferntesten Orte des Streckennetzes geschickt. Der gehörnte Gatte machte seiner Frau zwar hin und wieder eine Eifersuchtsszene, ließ es aber ansonsten dabei bewenden, da auch er von dem Luxus profitierte.

Als Franz Joseph I. jedoch Katharina Schratt kennenlernte, die sich fast neben dem Ehepaar Nahowski ansiedelte (Gloriettegasse Nr. 19/Ecke Wattmanngasse), wurden die Treffen mit seiner Geliebten immer seltener. Die junge Frau zerbrach beinahe an der Abwendung des Mannes, den sie aus ganzem Herzen liebte, und begann angeblich damit, dem Herrscher eifersüchtig nachzuspionieren. Aus diesem Grund, aber auch wegen einiger persönlicher Schicksalsschläge wie der Ermordung seines Sohnes im Jahr 1889 in Mayerling, beendete der Regent die Beziehung. Die junge Frau wurde in die Hofburg bestellt, bekam eine finanzielle Abfertigung, deren Höhe sie selbst bestimmen durfte, und musste folgende Erklärung unterzeichnen: *Ich bestätige hiermit daß ich am heutigen Tag 200.000 fl* (Anm.: heute mehr als 1,5 Millionen Euro) *als Geschenk von Seiner Majestät dem Kaiser erhalten habe. Ferner schwöre ich, daß ich über die Begegnung mit Seiner Majestät jederzeit schweigen werde. Anna Nahowski, Wien, 14. März 1889.*

Dass zwei von Anna Nahowskis fünf Kindern vom Kaiser stammten, ist reine Spekulation. Angenommen wird es seitens einiger Historiker von der Tochter Helene und dem Sohn mit dem Namen Franz Joseph, der sich zum 100. Geburtstag seines vermeintlichen Vaters den kleinen Finger abschnitt, woraufhin er in die Psychiatrische Klinik der Stadt Wien am Steinhof eingeliefert wurde.

Die ehemalige Geliebte des Kaisers hielt sich ihr Leben lang an ihren Schwur. Ihr Tagebuch wurde erst nach dem Tod ihrer Tochter Helene im Jahr 1876 veröffentlicht, die das in ihrem Testament ausdrücklich verlangt hatte.

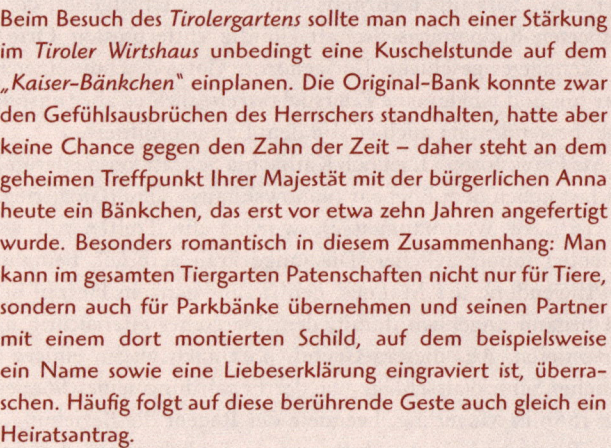

Romantik-Tipp

Beim Besuch des *Tirolergartens* sollte man nach einer Stärkung im *Tiroler Wirtshaus* unbedingt eine Kuschelstunde auf dem „Kaiser-Bänkchen" einplanen. Die Original-Bank konnte zwar den Gefühlsausbrüchen des Herrschers standhalten, hatte aber keine Chance gegen den Zahn der Zeit – daher steht an dem geheimen Treffpunkt Ihrer Majestät mit der bürgerlichen Anna heute ein Bänkchen, das erst vor etwa zehn Jahren angefertigt wurde. Besonders romantisch in diesem Zusammenhang: Man kann im gesamten Tiergarten Patenschaften nicht nur für Tiere, sondern auch für Parkbänke übernehmen und seinen Partner mit einem dort montierten Schild, auf dem beispielsweise ein Name sowie eine Liebeserklärung eingraviert ist, überraschen. Häufig folgt auf diese berührende Geste auch gleich ein Heiratsantrag.

Ein besonderes Highlight der Anlage ist der barocke *Kaiserpavillon*, das historische Zentrum des Zoos (heute Café-Restaurant), vor allem am 13. Mai, dem Geburtstag von Maria Theresia, und am 31. Juli, dem Eröffnungstag der Menagerie: Zwei Mal im Jahr sendet die Morgensonne um exakt 5:54 Uhr (Geburtsstunde und -minute Maria Theresias) ihre Strahlen die Allee entlang über den vergoldeten Doppeladler am Dach des Schlosses und danach durch die Mittelfenster des achteckigen Pavillons, der daraufhin etwa zehn Minuten im hellen Licht gleißt (im Innenraum befinden sich acht Spiegel, die das üppige Gold der Innenausstattung und die Sonnenstrahlen reflektieren). Die Leitung des Tiergartens arbeitet an einer Möglichkeit, das Spektakel an diesen beiden Tagen im Jahr öffentlich zugänglich zu machen – derzeit geschieht das nur zu speziellen Anlässen.

Aber auch in der prunkvollen Grünanlage von Schloss Schönbrunn laden etliche Plätze zum Träumen ein, beispielsweise die einsamen *Laubengänge*: Dort, wo stets leise das Laub flüstert und das Sonnenlicht durch das Blätterdach zu Boden tropft, sollten sich Paare, abgeschirmt von den Blicken der anderen Besucher, unbedingt küssen.

Weitere romantische Stellen im Schlosspark, idyllisch und zugleich voll monarchistischem Flair, sind der *Neptunbrunnen*, der *Irrgarten* mit Harmonie-Steinen in der Mitte, die Ruine am Fuße des Schönbrunner Hügels (als *„Ruine von Karthago"* 1778 nach dem römischen Vorbild des antiken Vespasian und Titus-Tempels errichtetes, zur Gänze in eine romantische Gartenkulisse eingebettetes Bauwerk) sowie als Krone dieser Anhöhe die *Gloriette* mit wunderbarem Blick auf die Stadt. Diese trägt die Inschrift *JOSEPHO II. AVGVSTO ET MARIA THERESIA IMPERANTIB. ERECT. CI)I)CCLXXV.* als Widmung für das glückliche Regentenpaar. Maria Theresia führte nämlich keine Vernunftehe, wie in adeligen Kreisen damals üblich, sondern liebte ihren Gatten Franz I. Stephan von Lothringen aufrichtig bis zu dessen Ableben und darüber hinaus.

Im Park des herrschaftlichen Anwesens wandelt man nicht nur auf den Spuren vieler großer Persönlichkeiten, sondern auch auf jenen zahlreicher glücklich oder unglücklich verliebter Menschen, die sich dort im Laufe der Jahrhunderte aufhielten – beispielsweise die polnische Gräfin Maria Walewska. Es handelt sich dabei um die Geliebte Napoléon Bonapartes, die während der französischen Besatzung im Schloss Schönbrunn schwanger wurde, in dem der Franzosen-Kaiser zu dieser Zeit residierte.

Weg zum Bänkchen im Tirolergarten: durch den Tiergarten, auf dem Weg zum Tirolerhof, der oberhalb des Tropenhauses, zwischen den Anlagen der Nasenbären und der Mandschurenkraniche, beginnt. Besagtes Bänkchen (an der Stelle, an der sich einst das Original befand) steht in einem linken Seitenarm (Sackgasse) vom Hauptweg in einer Kurve im unteren Drittel der etwa einen Kilometer langen Strecke (etwa 40 Schritte ab dem Gehege der Nasenbären).

Adresse:
Maxingstraße 13b, 1130 Wien.

Öffnungszeiten:
Tirolergarten: täglich ab 9:00 Uhr, von November bis Jänner bis
16:30 Uhr, im Februar bis 17:00 Uhr, im März und Oktober bis
17:30 Uhr, von April bis September bis 18:30 Uhr.
Tiroler Wirtshaus: von 9:00 bis 18:30 Uhr im Winter und bis 20:00 Uhr
im Sommer.

Erreichbarkeit mit Öffis:
U–Bahn Linie 4 oder Straßenbahn Linie 10 und 60, Station Hietzing.

... und weitere erhabene Bauwerke mit Flirtfaktor

Mölker Bastei und Steig: Pasqualati- und Dreimäderlhaus
(Wien 1, Innere Stadt)

Bei der heutigen Mölker Bastei handelte es sich einst um eine
Bastion innerhalb der ehemaligen Wiener Stadtmauer, die von
1531 bis 1871 existierte – nach deren Schleifung wurde die Straße
angelegt und diese nach dem benachbarten Melker Hof benannt.
Die dort vorhandene rote Ziegelmauer ist ein verbliebener Teil der
einstigen Befestigungsanlage.

Das *Pasqualatihaus*, das Ende des 18. Jahrhunderts für Maria
Theresias Leibarzt Johann Baptist Freiherr von Pasqualati errichtet
wurde, liegt auf der Rampe der einstigen Stadtmauer, an der Ecke
zur Schreyvogelgasse. Der Mediziner war ein Musikliebhaber und
stellte seine vier Wände in den Jahren 1804 bis 1808 und 1810 bis
1814 dem Komponisten *Ludwig von Beethoven* (1770–1827) als
Wohnung zur Verfügung, in der unter anderem das Klavierstück
„Für Elise" und die Oper „Fidelio" entstanden.

82

Beethoven wurde in dem Haus mehrfach von der deutschen Schriftstellerin *Bettina Brentano* besucht, die vermutlich unsterblich in den Künstler verliebt war. Im Jahr 1810 drückte sie schriftlich ihre Gefühle folgendermaßen aus:

... eine Gewallt die mehr Willen hat als ich selber, zog mich zu diesem Mann so sehr auch alles gegen ihn sprach ...

Doch 1811 entschied sich Bettina für Achim von Arnim, den sie noch im selben Jahr heiratete. Beethoven schrieb ihr einen Brief, in dem stand:

... sie heirathen, liebe Bettina, oder es ist schon geschehen, und ich habe Sie nicht einmal zuvor noch sehen können, so ströme den alles Glük ihnen und ihrem Gatten zu, womit die Ehe die Ehelichen segnet – was soll ich Ihnen von mir sagen, ‚Bedaure mein Geschick‘ ...

Doch nicht nur die berührende Geschichte von Beethovens unerfüllter Liebe, sondern auch der Innenhof des Pasqualatihauses ist ein Traum für jede romantische Seele – verwinkelte Treppenaufgänge, Mauerbögen, Schmiedeeisenlaterne und Brunnen. In einer der Wohnungen befindet sich heute ein *Beethoven-Museum*, im Keller kann man Reste der Basteianlage sehen.

Neben der *Mölker Bastei* liegt der *Mölker Steig*, der ebenfalls 1871 entstand – zuvor verlief an dieser Stelle ein Grenzwall. Erreichbar ist die kleine Gasse unter anderem über eine enge Stiege von der Schottengasse abwärts führend. Auf der Nr. 1 befindet sich die niedrige Rückseite des entzückenden „*Dreimäderlhauses*" im Biedermeierstil. Es wurde nach dem Singspiel von Heinrich Bertés benannt (das wiederum auf dem Roman „Schwammerl" von Rudolf Hans Bartsch basiert), in dem die zentrale Figur, Franz Schubert, die drei reizenden Bewohnerinnen des Hauses, Hederl, Haiderl und Hannerl, anhimmelt. Am Ende des Stücks „Das Dreimäderlhaus" bekommt der Musiker jedoch einen Korb und sucht Trost in seiner geliebten Musik.

Mölker Bastei und Steig waren aufgrund der romantischen Kulisse schon oft beliebte Drehorte für Liebesfilme.

Adressen:
Pasqualatihaus: Mölker Bastei 8, 1010 Wien.
Dreimäderlhaus: Mölker Steig 1/Schreyvogelgasse 10 (Vorderseite), 1010 Wien.

Öffnungszeiten:
Pasqualatihaus (Beethoven-Museum): ganzjährig Dienstag bis Sonntag von 10:00 bis 13:00 Uhr und 14:00 bis 18:00 Uhr.
Dreimäderlhaus (Geschäftslokal der Ludwig Reiter Schuhmanufaktur): ganzjährig Montag bis Freitag 10:00 bis 18:30 Uhr, Samstag 10:00 bis 17:00 Uhr.

Erreichbarkeit mit Öffis:
Straßenbahn Linien 1, 37, 38, 40, 41, 42, 43, 44, 71 und D, Station Schottentor.

Eros und Psyche am Kunsthistorischen Museum
(Wien 1, Innere Stadt)

An der Hauptfassade des Kunsthistorischen Museums findet sich die Skulptur des glücklich vereinten Paares Eros und Psyche, geschaffen vom Bildhauer Johannes Benk (1844–1914). Dargestellt ist die mythische Liebesbeziehung zwischen dem Gott Amor, auch Cupido genannt, und der menschlichen Königstochter Psyche. Das Mädchen wurde nach ihrer Vermählung in den Olymp aufgenommen, nachdem sie hart um Eros hatte kämpfen müssen. Die Darstellung der Sterblichen und des Gottes steht für unendliche Liebe, Stärke und Ausdauer, aber auch für den Mut zum zueinander Bekennen.

Die Besichtigung der Skulptur kann man mit einem Besuch im Museum verbinden, in dem es viele beeindruckende und ebenso romantische Kunstwerke zu bestaunen gibt.

Omnia vincit amor!
Alles besiegt die Liebe!

Vergil, 70 v. Chr. – 19 n. Chr., römischer Epiker

Adresse:
Burgring 7, 1010 Wien.

Öffnungszeiten:
ganzjährig Donnerstag bis Montag von 9:00 bis 18:30 Uhr, Mittwoch
von 9:00 bis 21:00 Uhr.

Erreichbarkeit mit Öffis:
Straßenbahn Linien 1, 2, 46, 49, 71 und D, Station Dr.-Karl-Renner-
Ring.

Hundertwasserhaus
(Wien 3, Landstraße)

Wie aus einem magischen Märchen aus 1001 Nacht, eine bunte
Fata Morgana inmitten eintöniger Großstadtbauten ... auf diese
Weise oder ähnlich kann das Hundertwasserhaus beschrieben
werden. Es handelt sich dabei um einen Bau der Architekten Josef
Krawina und Peter Pelikan, die diesen in Zusammenarbeit mit
dem Maler *Friedensreich Hundertwasser* (1928–2000), der auch
die äußere kreative Gestaltung übernahm, geplant und umge-
setzt haben. Optische Vorbilder bei der Planung des farbenfrohen
und ungewöhnlich konstruierten Hauses, das nicht den üblichen
Normen der Architektur folgt, waren unter anderem der eigen-
willige Stil des katalanischen Künstlers Antoni Gaudí sowie die
verspielten Anlagen von Schrebergärten und einige fantastische
Gebäude aus Märchenbüchern. So weist das Hundertwasserhaus
beispielsweise in den Gangbereichen unebene Böden auf und ist
auf dem Dach mit insgesamt fast 300 Bäumen und Sträuchern
üppig begrünt. Vor dem Bauwerk befindet sich ein bezaubernder
Brunnen mit schillernden Mosaiken, an dem man Arm in Arm die
magische Atmosphäre dieser einzigartigen Architektur auf sich
wirken lassen kann.

Das Haus beherbergt neben Gemeindewohnungen ein Restaurant und ein Kaffeehaus mit Terrasse. Nur wenige hundert Meter davon entfernt befindet sich das ebenfalls von Friedensreich Hundertwasser gestaltete *KunstHausWien* mit einer ständigen Ausstellung seiner Werke. Dort liegt im idyllischen Innenhof mit dem herzigen Bistro Romantik pur in der Luft – man fühlt sich wie in ein von einem Zauberer herbeigehextes Paralleluniversum versetzt, in dem nichts so ist, wie es scheint.

Adressen:
Hundertwasserhaus: Ecke Kegelgasse 34–38/Löwengasse 41–43,
    1030 Wien.
KunstHausWien: Untere Weißgerberstraße 13, 1030 Wien.

Öffnungszeiten:
Hundertwasserhaus: öffentlich nicht zugänglich.
KunstHausWien: ganzjährig täglich von 10:00 bis 19:00 Uhr.

Erreichbarkeit mit Öffis:
Hundertwasserhaus: Straßenbahn Linie 1, Station Hetzgasse.
KunstHausWien: Straßenbahn Linie 1 oder Linie O, Station
    Radetzkyplatz.

Strudlhofstiege
(Wien 9, Alsergrund)

Ursprünglich hieß der Hang, auf dem die *Strudlhofstiege* heute die Geländestufe zwischen der Strudlhofgasse und der Liechtensteinstraße überbrückt (früher Niveauunterschied zwischen dem früheren Linienwall und dem Donauabbruch), Gaisberg – allerdings weideten dort keine Ziegen, vielmehr handelte es sich um einen „gais", was im Keltischen so viel wie Kraftplatz, heiliger Ort, bedeutet.

Im Jahr 1690 hat am Rand der Geländestufe der Maler Peter Strudl eine private Schule errichtet, den Strudlhof. In Erinnerung an den berühmten Bewohner dieses Ortes nannte man die Sackgasse, die aufgrund von baulichen Maßnahmen im Jahr 1907 als Seitengasse der Währinger Straße entstanden war, Strudlhofgasse. Im selben Jahr bekam das Stadtbauamt den Auftrag, dort eine ausladende Treppe im Jugendstil zu errichten – und kurz darauf entstand die schönste und bekannteste Stiege Wiens, die Strudlhofstiege, mit 58 Stufen, zwei symmetrisch angelegten, gebogenen Auf- bzw. Abgängen sowie einem kleinen Brunnenbecken mit einer Kopfmaske und einem großen Brunnenbecken mit einem Fischmaul als Wasserspeier. Darüber hinaus ist die Treppe bestückt mit Kandelabern aus Eisen und Beleuchtungskugeln aus Milchglas. In den oberen Teilen besteht die Anlage aus Stiegen- und Rampenelementen, die dem Fußgänger ständig wechselnde Perspektiven vermitteln.

Die verspielt gestaltete Treppe spielt die Hauptrolle im 1951 erschienen Roman „Die Strudlhofstiege" von *Heimito von Doderer* (1896–1966). Der Schriftsteller verfasste dafür auch ein Gedicht, das heute auf einer Tafel neben dem größeren der beiden vorhandenen Brunnen zu lesen ist.

Auf die Strudlhofstiege zu Wien
Wenn die Blätter auf den Stufen liegen
herbstlich atmet aus den alten Stiegen
was vor Zeiten über sie gegangen.
Mond darin sich zweie dicht umfangen
hielten, leichte Schuh und schwere Tritte,
die bemooste Vase in der Mitte
überdauert Jahre zwischen Kriegen.
Viel ist hingesunken uns zur Trauer
und das Schöne zeigt die kleinste Dauer.

Verliebte können auf der Strudlhofstiege so richtig wegtauchen, den Lärm der Stadt ausblenden und die Kraft und positive Energie dieses Ortes in sich aufnehmen, um sie für ihre Beziehung zu nutzen. Wenn man auf dieser Treppe steht, am besten eng umschlungen, hat man das Gefühl, als hätte sich die Erde aufgehört zu drehen, als wäre dort Pause von der Welt.

Adresse:
Strudlhofgasse/Liechtensteinstraße, 1090 Wien.

Öffnungszeiten:
bei freiem Eintritt ganzjährig rund um die Uhr.

Erreichbarkeit mit Öffis:
Straßenbahn Linien 37, 38, 41 und 42, Station Spitalgasse/Währinger
Straße.

Donauturm
(Wien 22, Donaustadt)

Der Donauturm ist mit 252 Metern Höhe derzeit das höchste Bauwerk Österreichs. Er wurde 1962 bis 1964 anlässlich der Wiener Internationalen Gartenschau errichtet und bietet seinen Gästen ein Restaurant, ein Café und seit 1990 eine Bungee-Jumping-Plattform. In den oberen Bereich des Bauwerks, dessen Durchmesser am Boden zwölf und in 160 Meter Höhe acht Meter beträgt, führen zwei Expresslifte, welche die Strecke innerhalb von nur 35 Sekunden zurücklegen. Auf einer rundherum begehbaren Plattform und dem zweistöckigen verglasten Innenteil des Aussichtsturms kann man einen rund 80 Kilometer weiten Fernblick über die Stadt genießen – am besten Hand in Hand, denn der Wind kann dort oben ganz schön heftig wehen.

Seit dem Jahr 2002 kann man auf der verglasten Terrasse auch Hochzeit feiern. Seit damals haben sich bereits weit mehr als 100 Paare das Ja-Wort in luftiger Höhe gegeben – auch beim gemeinsamen Sprung in die Tiefe am Bungee-Seil. Als Hochzeitsgeschenk gibt es eine VIP-Karte für Aussichtstürme wie das Empire-State-Building oder den Eiffelturm (ein Jahr Gültigkeit).

Adresse:
Donauturmstraße 4, 1220 Wien.

Öffnungszeiten:
Aussichtsterrasse/Café: ganzjährig täglich von 10:00 bis 24:00 Uhr.
Restaurant: ganzjährig täglich von 11:30 bis 15:00 Uhr und 18:00 bis
24:00 Uhr.

Erreichbarkeit mit Öffis:
U-Bahn Linie 1, Station Alte Donau.

Habsburger-Romantik im Keller

(Wien 1, Innere Stadt)

Ein ganz besonderes Schmankerl, das nur Eingeweihte zu Gesicht bekommen, stellt das herrschaftliche *Liebespaar Sisi und Franz Joseph im Gipskeller der Hofburg* dar.

Im ehemaligen kaiserlichen Weindepot unter der Habsburger-Residenz, der bis zu zwei Millionen Liter Wein gefasst haben soll, befindet sich heute eine einzigartige Sammlung von Skulpturen aus Gips – es handelt sich dabei um Modelle bedeutender Denkmäler. Und während Kaiserin Elisabeth und ihr Gatte ihren Platz in Wien getrennt voneinander gefunden haben – Sisi, sitzend auf einer Bank an einem schattigen Plätzchen im Volksgarten, ihr Ehemann im Burggarten, stehend auf einem Sockel in seiner schönsten Uniform mit Befehlshaberstab in der Hand – befinden sich ihre Gipsdoppelgänger unter der Hofburg, Seite an Seite, wobei die Skulpturen so drapiert sind, dass der Regent seine Frau verliebt ansieht, so wie er es ja einst tatsächlich und bis zuletzt getan hat.

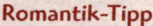

> **Romantik-Tipp**
>
> Wenn man es schafft, genau an diesem Tag, an dem der Keller geöffnet ist, diesen im Rahmen einer Führung zu besuchen, sollte man das unbedingt mit seinem Schatz an der Hand tun. Nicht nur deshalb, weil die Gewölbe ein wenig gruselig sind und man sich mit dem Partner an der Seite einfach geborgener fühlt, sondern auch weil das *Sisi-Flair* und die Romantik der Monarchie an diesem Ort besonders stark zu spüren sind. Und sieht man den verliebten Blick des Kaisers, den er seiner von ihm so verehrten Gemahlin zuwirft, schmilzt man einfach dahin und sollte daher die Person fürs Herz bei sich haben.

Adresse:
Innerer Burghof/Leopoldinischer Trakt, 1010 Wien.

Öffnungszeiten:
Sonderöffnung einmal jährlich an einem Sonntag im September, am Tag des Denkmals, von 10:00 bis 16:00 Uhr (genaues Datum unter www.tagdesdenkmals.at).

Erreichbarkeit mit Öffis:
Autobus Linien 2A und 3A, Station Michaelerplatz, oder Straßenbahn Linien 1, 2 und D, Station Burgring.

Auf den Spuren der Künstler und ihrer Musen

Besonders viele Spuren und damit auch Geschichten haben in Wien große Künstler hinterlassen, die in der Stadt nicht nur leben, sondern auch liebten – und das, wie es bei kreativen Geistern und somit besonders sensiblen Seelen häufig der Fall ist, immer sehr leidenschaftlich und nicht selten auch melodramatisch.

Folgend einige Liebesgeschichten und amouröse Abenteuer von drei bekannten Männern, die Kultur und Kunst in der

Donaumetropole im 19. und 20. Jahrhundert entscheidend beein-
flusst und mitgeprägt haben.

Skulptur – Johann Nestroy
(Wien 2, Leopoldstadt)

Johann Nepomuk Nestroy (1801–1862), Dramatiker und Schauspieler, dessen Werke neben jenen von Ferdinand Raimund als literarischer Höhepunkt des Alt-Wiener Volkstheaters gelten, startete
seine Karriere als Opernsänger. 1822 begann er als Sänger an der
Wiener Hofoper und spielte Sarastro in Mozarts „Zauberflöte".
Doch bereits im Jahr 1827 schrieb Nestroy sein erstes Stück, den
Einakter „Der Zettelträger Papp". Zu seinen bekanntesten Werken
zählen „Der böse Geist Lumpazivagabundus" (1833), „Einen Jux
will er sich machen" (1842) und „Der Zerrissene" (1844).

Doch in der Liebe hatte der erfolgreiche Künstler kein Glück!
1823 heiratete er Wilhelmine Nespiesni, die ihm Sohn Gustav
schenkte und vier Jahre später verließ, nachdem sie ein Verhältnis
mit einem Grafen angefangen und danach weitere Affären hatte.
Der Junge blieb beim Vater. 1845 ließ sich das Paar scheiden,
nachdem Wilhelmine von all ihren Liebhabern verlassen worden
war und Geld benötigte. Nestroy musste, um aus dem Ehevertrag
aussteigen zu können, die Schulden seiner Gattin in der Höhe von
160 Gulden begleichen. Der Künstler war zu diesem Zeitpunkt
bereits mit der Sängerin Marie Weiler liiert, die er in seinen
Briefen zwar immer als *die Frau* bezeichnete, aber dennoch ständig betrog, weil er von der Liebe immer mehr Intensität erwartete,
als er dann in der Realität erlebte. Die Interpretin schenkte ihm
zwei Kinder und wurde aufgrund ihrer bedingungslosen Treue zu
Nestroy dessen Universalerbin. 1855 verliebte sich der Dramatiker
in eine junge Provinz-Schauspielerin, namens Karoline Köfer, und
begann eine weitere Affäre. Nachdem Nestroy sehr viel Geld für
seine Geliebte hatte springen lassen, trennte sich Maria Weiler,
die vorher die *Mädlerien* ihres Lebensgefährten stets geduldig
toleriert hatte, im April 1856 von ihrem Schürzenjäger. Einige

Monate später kam es zur Versöhnung, im Frühjahr 1858 erneut zum Zerwürfnis, im Juli waren die beiden wieder ein Paar. Marie Weiler starb zwei Jahre nach Nestroys Tod.

Dort, wo Praterstraße und Zirkusgasse sich treffen, befindet sich seit 1929 ein Denkmal für den großen Dramatiker – der nach der Enttäuschung mit seiner ersten Gemahlin auch bei *der Frau* nicht mehr genug empfinden konnte, um treu zu sein, der stets auf der Suche war nach mehr Leidenschaft und der völligen emotionalen Erfüllung, ohne sie jemals zu finden. Die Skulptur stellt den Künstler als Blasius Rohr aus dem Stück „Glück, Missbrauch und Rückkehr" dar. Besonders idyllisch ist allerdings der kleine Platz gegenüber, von dem aus man die Skulptur betrachten und sich in die vergebens nach wahrer Liebe suchende Seele des Dramatikers einfühlen kann. Dort gibt es auch einen sanft plätschernden Trinkbrunnen und eine Bank im Schatten eines Baumes, auf der man mitten in der Stadt herrlich träumen kann.

Adresse:
vor den Häusern Praterstraße 17 und 19, 1020 Wien.

Öffnungszeiten:
bei freiem Eintritt ganzjährig rund um die Uhr.

Erreichbarkeit mit Öffis:
U-Bahn Linie 1, Station Nestroyplatz, oder Straßenbahn Linie 2, Station Karmeliterplatz.

Denkmal – Richard Strauss
(Wien 3, Landstraße)

Der deutsche Komponist Richard Strauss (1864–1949), der von Zeitgenossen auch als „Magier der Töne" bezeichnet wurde, hatte einen großen Anteil an der Musikgeschichte Wiens. Er schuf zahllose Tondichtungen, Lieder und bekannte Opern wie „Der Rosenkavalier", „Salome" und „Elektra", die teilweise von der sinnlichen Beziehung zu seiner Gattin und Lebensliebe Pauline inspiriert waren. Die lebenslustige und quirlige junge Dame mit der spitzen Zunge, deren Temperamentsausbrüche und Extravaganzen weit über die Grenzen der heimischen vier Wände hinaus bekannt gewesen sind, erwies sich als genau die richtige Frau für den gerade in jüngeren Jahren eher introvertierten und sensiblen Richard – wie schon dessen Mutter Josepha angemerkt hatte: „*... da sie dich durch ihr heiteres, kluges Wesen stets aufheitern wird und so liebevoll für dich zu sorgen weiß.*"

Trotz treuer Hingabe zu seiner Gattin war der Künstler kein Kostverächter, wie folgende Anekdote beweist: Für den Komponisten wurde im Jahr 1941 eine Büste zu Ehren seiner Tätigkeit als Staatsoperndirektor von 1919 bis 1924 geschaffen, die sich heute im *Schwindfoyer des Opernhauses* befindet. Während der feierlichen Enthüllung, bei der Strauss anwesend war, trat eine junge, tief dekolletierte Dame an ihn heran und sagte: „Hochverehrter Meister, ich bin 500 Kilometer gereist, um an der Enthüllung Ihrer Büste teilnehmen zu können!" Der Musiker soll erwidert haben: „Das freut mich außerordentlich. Ich würde 1000 Kilometer reisen, um der Enthüllung *Ihrer* Büste beizuwohnen!"

Nachdem der Komponist im September 1949 verstorben war, streckte Pauline während der Beisetzung wie in Trance beide Arme ekstatisch von sich, wobei sie mit den Händen durch die Luft fuhr, als wolle sie nach ihrem Geliebten greifen – dem sie nur wenige Monate später ins Grab nachfolgte.

Dieser innigen Liebe zwischen Richard und seiner Ehefrau, sowie der Verschmelzung mit der von ihm geschaffenen Musik, ist das Richard-Strauss-Denkmal gewidmet, das sich seit 1958 in einem Wiener Innenhof befindet: „Die Lauschenden" – ein hingebungsvoll ihre Leidenschaft zueinander genießendes und dabei von zauberhaften Klängen eingehülltes, in Stein gemeißeltes Paar. Geschaffen wurde die Skulptur 1954 von dem Bildhauer Siegfried Charoux.

Adresse:
Am Modenapark 8–9, 1030 Wien.

Öffnungszeiten:
bei freiem Eintritt ganzjährig rund um die Uhr.

Erreichbarkeit mit Öffis:

Straßenbahn Linie 71, Station Unteres Belvedere, oder Linie O, Station Ungargasse/Neulinggasse.

Villa – Gustav Klimt
(Wien 13, Hietzing)

Einer der bedeutendsten österreichischen Maler und bekannter Vertreter des Wiener Jugendstils war Gustav Klimt (1862–1918). Der Künstler, dem der Ruf vorauseilte, ein vor Testosteron strotzender Herzensbrecher zu sein, lebte ganz offen stets in mehreren Beziehungen, wohnte dabei aber mit Unterbrechungen fast bis zu seinem Tod bei seiner Mutter Anna (die nur drei Jahre vor ihm starb).

Da gab es auf der einen Seite die tiefe, aber undurchschaubare Liebe zu der zwölf Jahre jüngeren Geschäftsfrau und Avantgarde-Modeschöpferin Emilie Flöge, die er „Midi" nannte, auf der anderen die zahlreichen, von großer Zuneigung zu den Frauen geprägten Affären mit seinen Modellen – darunter vermutlich auch zu Serena Lederer, Gattin des Kunstmäzens August Lederer, Adele Bloch-Bauer, Ehefrau des Zuckerindustriellen Ferdinand Bloch-Bauer, und Alma Mahler-Werfel, Gemahlin des Komponisten Gustav Mahler.

Mit Midi ging Klimt mehrmals pro Woche ins Konzert, ins Theater oder in die Oper, verbrachte mit ihr in der Zeit von 1900 bis 1916 jedes Jahr viele Wochen am Attersee und schickte ihr täglich mehrere Postkarten. Mit den Mädchen, die er malte, zeugte er mehrere Kinder (offiziell sechs, geschätzt bis zu 20). Bekannt hat sich der Maler zu keiner der Damen, heiraten wollte er schon gar nicht. Zu seinen Töchtern und Söhnen hatte er keine Beziehung, obwohl einige davon Gustav getauft wurden, zahlte aber brav Alimente. Am Sterbebett ließ Klimt nach Emilie rufen. Es ist bis heute ein Geheimnis, ob diese Liebe, die auf einer Art Seelenverwandtschaft basierte, jemals intim wurde.

Gemalt und geliebt hat Gustav Klimt in seinen letzten Jahren bis zu seinem Tod in einem gemieteten Atelier in der heutigen „*Klimtvilla*", damals noch ein ebenerdiges Gartenhaus, heute ein neobarocker Prachtbau mit permanenter Ausstellung rund um die Wirkungsstätte des Künstlers. Zuvor scheinen als Ateliers die Adressen Sandwirtgasse 8 (1060 Wien) und danach Josefstädter Straße 21 (1080 Wien), ein Gartenpavillon des Hauses gegenüber dem Theater in der Josefstadt, auf – der Maler schuf seine Werke dort in einer „Compagnie" mit seinem Bruder Ernst und seinem Freund Franz Matsch. Sehr häufig soll es in diesen Gebäuden zu sexuellen Kontakten der Künstler mit jungen Damen gekommen sein. Eine weitere Spur von Gustav Klimt führt in die Wohnung seiner Mutter in der Westbahnstraße 36 (1070 Wien), in der er wohnte und im Jänner 1918 einen Schlaganfall erlitt, an dem er wenige Wochen später im Krankenhaus verstarb.

Die Klimtvilla gilt heute als das Gebäude, in dem sich der Maler in seinen letzten Jahren immer stärker seiner wahren Liebe neben der Kunst, Emilie Flöge, zuwandte, ohne dabei jedoch in einer Beziehung Erfüllung zu finden.

Adresse:
Feldmühlgasse 11, 1130 Wien.

Öffnungszeiten:
Anfang Februar bis Mitte Juli und Mitte August bis Ende Dezember,
    Donnerstag, Freitag und Samstag von 10:00 bis 18.00 Uhr.

Erreichbarkeit mit Öffis:
U-Bahn Linie 4, Station Unter St. Veit, oder Straßenbahn Linie 58,
    Station Verbindungsbahn.

Romantik-Tipp

Auf den Spuren der Künstler und ihren Musen können vor allem kreative Geister und sensible Gemüter empfinden, wie Nestroy, Strauss und Klimt gelebt, geliebt und gelitten haben. Beim Besuch der Plätze, an welchen die Energien dieser außergewöhnlichen Talente immer noch fließen und ihr Glück bzw. Pech in Beziehungen allgegenwärtig sind, wird man leicht von seinen Gefühlen übermannt – da tut die Gegenwart des Partners richtig gut. Bei der Skulptur von Nestroy, dem Denkmal für Strauss und Klimts Villa als seine letzte Wirkungsstätte wird einem bewusst, wie sehr aufrichtige Liebe, ob erwidert oder verschmäht, zum kreativen Schaffen gehört. Sie ist ein Teil des Prozesses, ohne sie wäre keine Kunst, die Menschen aufrichtig berührt und mitten ins Herz trifft, möglich.

Liebesschlösser – Import eines bezaubernden Brauchs
(Wien 1, Innere Stadt/Wien 3, Landstraße und
Wien 20, Brigittenau/Wien 21, Floridsdorf)

Ganz sicher weiß es niemand, woher dieser bezaubernde Brauch, Vorhängeschlösser an Brücken anzubringen, um symbolisch die ewige Liebe zweier Menschen zu besiegeln, stammt. Vermutet wird jedoch Italien als Herkunftsland, der Auslöser dürfte das Erscheinen des Teenie-Romans „Ho voglia di te" („Ich steh auf dich") im Jahr 2006 gewesen sein. Der Schriftsteller Federico Moccia beschreibt in seinem Werk, wie ein Pärchen ein Vorhängeschloss an eine Laterne der Ponte Milvio kettet und den dazugehörigen Schlüssel mit den Worten „per sempre" („für immer") in den Tiber wirft. 2010 wurde das Buch verfilmt. Und seit dieser Zeit hängen verliebte Einheimische wie auch Touristen ihre Schlösser, häufig mit eingravierten Initialen des Paars und Datum versehen, an eine der Laternen der Ponte Milvio, und hoffen, dass es nicht entfernt wird – da sonst die Beziehung zerbricht, wie es heißt.

Diese Geste wurde schon bald von Paaren aus aller Welt übernommen, und nun sind an zahlreiche Gitter, Laternen und Masten auf Brücken rund um den Globus Schlösser gekettet, als Demonstration der Hoffnung unzähliger Menschen, dass ihre Liebe ein Leben lang hält. Und in den darunter fließenden Gewässern befinden sich auf dem Grund unzählige Schlüssel, die niemals wieder zum Vorschein kommen sollen.

Natürlich existieren auch im romantischen Wien solche Brücken: Einerseits handelt es sich dabei um den ca. 40 Meter langen Steg über den Wienfluss im Stadtpark, auch *Karolinenbrücke* genannt, andererseits um die *Floridsdorfer Brücke* über die Donau, an deren ca. 300 Metern Metallgitter schon eine große Anzahl von Liebesschlössern angehängt wurde.

Romantik-Tipp

Wer seine Zuneigung auf diese Weise besiegeln möchte, kauft mit seinem Partner gemeinsam ein schönes Schloss, lässt zwei ineinander verschlungene Herzen und die Namen oder deren Anfangsbuchstaben sowie das Datum eingravieren und bringt es danach an einer der beiden Brücken in Wien an. Nach einem zärtlichen Kuss und dem Versprechen, alles dafür zu tun, damit diese Liebe ewig hält, aufrichtig zueinander zu sein und immer respektvoll miteinander umzugehen, wirft man den Schlüssel gemeinsam ins Wasser. Man kann sich für dieses Ritual auch einen netten Spruch überlegen oder dem Partner ein Gedicht vorlesen, das man für diesen Anlass geschrieben hat.

Weg zum Stadtparksteg: an der Promenade entlang, Übergang beim Denkmal von Emil Jakob Schindler.

Adressen:

Stadtpark: zwischen Parkring (1010 Wien) und Heumarkt (1030 Wien).

Floridsdorfer Brücke: Floridsdorfer Straße/Donauinsel, 1210 Wien.

Öffnungszeiten:

Stadtparksteg/Floridsdorfer Brücke: bei freiem Eintritt ganzjährig rund um die Uhr.

Erreichbarkeit mit Öffis:

Stadtpark: U–Bahn Linie 3, Station Stubentor, und Linie 4, Station Stadtpark.

Floridsdorfer Brücke: Straßenbahn Linie 31, Station Floridsdorfer Brücke.

... und weitere Geheimtipps für Verliebte

Vermählungsbrunnen
(Wien 1, Innere Stadt)

Der Vermählungsbrunnen, auch *Josephsbrunnen* genannt, zeigt die Trauungszeremonie zwischen Maria und Josef, den Eltern von Jesus. Im Jahr 1706 wurde von Kaiser Joseph I. und seinen Brüdern an dieser Stelle ein Denkmal errichtet, damals noch ohne Brunnen, das die Besiegelung einer der bedeutendsten Liebesgeschichten der Vergangenheit darstellt. Die Geschwister erfüllten damit den Wunsch ihres zwei Jahre zuvor verstorbenen Vaters Leopold I., der versprochen hatte, nach der siegreichen Rückkehr seines Sohnes aus dem Krieg, einen Tempel auf dem Hohen Markt errichten zu lassen. Für dieses Vorhaben wurden sogar Pranger und Galgen von dem Platz entfernt und dort daher ab diesem Zeitpunkt keine Exekutionen mehr durchgeführt. Nachdem das erste Denkmal aus Holz relativ rasch verwitterte, stellte 1729 Kaiser Karl VI. an dieser Stelle einen Tempel aus Erz und weißem Marmor sowie zusätzlich einen Brunnen auf.

Es heißt, Liebende bleiben auf ewig vereint, wenn sie gemeinsam eine Münze in das Brunnenbecken werfen.

Adresse:
Hoher Markt, 1010 Wien.

Öffnungszeiten:
bei freiem Eintritt ganzjährig rund um die Uhr.

Erreichbarkeit mit Öffis:
Autobus Linie 1A, Station Hoher Markt.

Rauchfangkehrer
(Wien 1, Innere Stadt)

Ein riesiger Glücksbringer in Form eines Rauchfangkehrers befindet sich in luftiger Höh' in der Wipplingerstraße an der Ecke des Hauses mit der Nr. 21, in dem sich eine Lottokollektur befindet. Da sich im Mittelalter verrußte Schornsteine leicht entzündeten und ein großes Feuer verursachen konnten, galt es damals als gutes Zeichen, einem Rauchfangkehrer auf der Straße zu begegnen. Im Idealfall war der Mann auch noch schwarz im Gesicht, was bedeutete, dass er gerade einen Schornstein gereinigt hatte, von dem daher keine Brandgefahr mehr ausging. Noch heute soll es Glück bringen, auch in der Liebe, einem Rauchfangkehrer zu begegnen.

Adresse:
Wipplingerstraße 21, 1010 Wien.

Öffnungszeiten:
bei freiem Eintritt ganzjährig rund um die Uhr.

Erreichbarkeit mit Öffis:
Straßenbahn Linien 1, 71 und D, Station Börse.

Reiterstandbild Erzherzog Karl
(Wien 1, Innere Stadt)

Die Statue stellt Erzherzog Karl, einen Schwiegersohn von Maria Theresia, in Siegerpose nach der Schlacht bei Aspern gegen

Napoleon dar. Gegen alle Gepflogenheit der damaligen Zeit und die Etikette der Habsburger, heiratete der katholische Adelige im Jahr 1815 aus Liebe die 26 Jahre jüngere deutsche Protestantin Henriette von Nassau-Weilburg – es handelte sich um die erste „Mischehe" im Hause Habsburg, die außergewöhnlich glücklich verlief. Im Jahr 1816 wurde von Henriette am Wiener Hof die Tradition der Aufstellung eines Christbaums – eines geschmückten Nadelbaums mit brennenden Kerzen – zu Weihnachten eingeführt. Rasch fand der Brauch, den es im katholischen Österreich zuvor nicht gegeben hatte, Gefallen und breitete sich von da an in allen Gesellschaftsschichten aus.

Adresse:
Heldenplatz, 1010 Wien.

Öffnungszeiten:
bei freiem Eintritt ganzjährig rund um die Uhr.

Erreichbarkeit mit Öffis:
Straßenbahn Linien 1, 71 und D, Station Burgring.

Ruprechtskirche
(Wien 1, Innere Stadt)

Ab dem frühen Mittelalter entwickelte sich aus den Resten des römischen Lagers Vindobona auf dem Ruprechtsplatz die Keimzelle der später rasch anwachsenden Stadt, weshalb diese Gegend noch heute als historische Wurzel von Wien gilt. Es entstand dort Mitte des 13. Jahrhunderts unter anderem der *Berghof*, der als ältestes Gebäude Wiens gilt (heute Gebiet des Häuserblocks Hoher Markt – Marc-Aurel-Straße – Sterngasse – Judengasse). Daneben entwickelte sich der Kienmarkt, auf dem man hauptsächlich Utensilien für die Beleuchtung der Häuser, etwa Kienspäne und Harz, erwerben konnte und sich die Stadtbevölkerung außerdem zum Klatschen und Tratschen traf. Und natürlich durfte auch ein Gotteshaus im Zentrum der Siedlung nicht fehlen, und so hat man bereits um 740 die Ruprechtskirche erbaut, deren Grundsubstanz bis heute nicht erneuert werden musste. In ihrem Chor befindet sich das älteste bemalte Glasfenster der Stadt, das etwa um 1270 eingesetzt worden sein dürfte und die Jahrhunderte ebenfalls unbeschadet überdauert hat.

Das Gotteshaus wurde auf einem Platz errichtet, der von 16 unterirdischen Wasserläufen durchquert wird, was für viele Menschen als Hinweis auf einen energetischen Kraftort gilt. Kein Wunder also, dass Kaiser Friedrich III. diese Stelle viele Jahre später mit seinem mystischen Symbol AEIOU, das Experten immer noch zu entschlüsseln versuchen, markierte. Die Magie dieses historischen Platzes sowie der Liebreiz des efeuumrankten Kirchleins bilden eine romantische Harmonie mit allen im näheren Umkreis befindlichen Lebewesen und lassen Herzen höher schlagen.

Adresse:
Ruprechtsplatz 1, 1010 Wien.

Öffnungzeiten:
bei freiem Eintritt ganzjährig Montag bis Freitag von 10:00 bis
12:00 Uhr, Freitag zusätzlich von 15:00 bis 17:00 Uhr und 21:00 bis
24:00 Uhr sowie Samstag von 11:00 bis 13:00 Uhr.

Erreichbarkeit mit Öffis:
U-Bahn Linien 1 und 4, Station Schwedenplatz, oder Straßenbahn
Linie 1, Station Salztorbrücke.

Fillgraderstiege
(Wien 6, Mariahilf)

Benannt nach der wohltätigen Glockengießerwitwe Maria Anna Fillgrader, die eine Stiftung für verarmte Bürger gründete, verbindet diese Jugendstiltreppenanlage die Fillgradergasse mit der Theobaldgasse. Die Komposition aus Stein und Gusseisen, die zum Teil den Niveauunterschied zwischen Wienfluss und Mariahilfer Straße überwindet, stammt von Max Hegele, einem Schüler Otto Wagners. Die Fillgraderstiege stellt einen besonders romantischen Treffpunkt in den Abendstunden bei Dämmerlicht dar, oder auch nachts einen Platz für den letzten Abschiedskuss, wenn der Schein der Straßenlaternen weich von oben auf die Stufen fällt – nicht ohne Grund gilt die Fillgraderstiege als viertschönste Treppenanlage Europas.

Adresse:
Fillgradergasse/Theobaldgasse, 1060 Wien.

Öffnungszeiten:
bei freiem Eintritt ganzjährig rund um die Uhr.

Erreichbarkeit mit Öffis:
U-Bahn Linie 4, Station Kettenbrückengasse.

Spinnerin am Kreuz
(Wien 10, Favoriten)

Bei der Spinnerin am Kreuz handelt es sich um eine gotische Steinsäule auf dem Wienerberg, die früher aufgrund der geringeren Verbauung der Gegend weithin sichtbar war – außerdem hatte man, von Süden kommend, von diesem Punkt aus den ersten Blick auf die Stadt. Der Bildstock, auf dem die christlichen Motive der Kreuzigung, Geißelung und Dornenkrönung dargestellt sind, wurde 1296 erstmals erwähnt, danach mehrmals zerstört und in neuer Form wieder errichtet, unter anderem 1452 vom Dombaumeister Hans Puchsbaum.

In unmittelbarer Nähe der Säule befand sich das Hochgericht, wo bis zum Jahr 1868 öffentlich Hinrichtungen durch den Galgen oder das Rad durchgeführt wurden.

Seinen Namen, der erstmals 1804 in der heutigen Version belegt ist, erhielt das Bauwerk aufgrund folgender Sage:

Eine junge Frau musste von ihrem frisch angetrauten Ehemann Abschied nehmen, weil sich dieser auf einen Kreuzzug begab. Sie begleitete ihren Gemahl bis zum Wienerberg, auf dem ein großes Holzkreuz stand. Die Frau kaufte sich einen Spinnrocken und verbrachte Tag für Tag an dieser Stelle, spann und wartete auf die Rückkehr ihres Geliebten. Einige Zeit später ließ sie mit dem Geld, das sie mit dem Spinnen verdiente, eine Steinsäule errichten, die ihrem Liebsten den Weg zu ihr weisen sollte, wenn er endlich aus der Ferne angeritten kommen würde. Bald wurde sie von der

Bevölkerung „Spinnerin am Kreuz" genannt. Als die Kreuzfahrer endlich heimkehrten, war ihr Mann nicht unter ihnen. Die Frau weinte herzzerreißend, blieb aber bei der Steinsäule sitzen und wollte nicht weichen. Am Abend kam ein bärtiger Kerl, auf einen Stock gestützt, den Berg hinauf. Es handelte sich um den Mann der Spinnerin, der wegen einer Verwundung länger als die anderen Kreuzfahrer für den Heimweg benötigt hatte. Mit dem fleißig verdienten Geld der Frau konnte das Ehepaar glücklich bis an sein Lebensende leben.

An der Fassade des Hauses Triester Straße 85 ist diese Sage mittels Fliesenbild aus dem Jahr 1938 dargestellt.

Die Säule auf dem Wienerberg ist ein Symbol für wahre Liebe, Treue und Vertrauen in das Schicksal und daher einen Besuch wert, auch wenn Verkehrslärm und Abgase nur mit viel Fantasie romantische Stimmung aufkommen lassen werden.

Adresse:
Triester Straße 52, 1100 Wien.

Öffnungszeiten:
bei freiem Eintritt ganzjährig rund um die Uhr.

Erreichbarkeit mit Öffis:
Autobus Linie 15A, Station Triester Straße, oder Straßenbahn Linie 1, Station Windtenstraße.

Der Froschkönig
(Wien 11, Simmering)

Das Märchen vom Froschkönig der Brüder Grimm kennt wohl jeder: Es geht um einen verzauberten Prinzen, der in Gestalt eines Froschs die in den Brunnen gefallene goldene Kugel der Prinzessin birgt und sich dabei in sie verliebt. Die junge Frau will anfangs nichts von ihm wissen, doch als der grüne Hüpfer hartnäckig bleibt, wird er von seiner Angebeteten mit einem Kuss erlöst und dabei wieder in einen Menschen verwandelt.

Seit jeher steht diese Geschichte also symbolisch für glückliche Beziehungen, bei welchen eine Person allerdings zu Beginn um die

Zuneigung der anderen kämpfen musste. Und solche Paare finden in Wien einen ganz besonderen Ort, an dem sie dem Schicksal für das Happy End ihrer Liebesgeschichte danken können: am *Simmeringer Platz beim Froschkönigbrunnen*, gestaltet von dem Künstler Gottfried Kumpf.

Tipp: Gemeinsam die goldene Kugel, auf der das grüne Tier thront, mit den Händen berühren und um immerwährendes Glück zu zweit bitten – das soll den Bestand der Beziehung bis ans Lebensende garantieren. Denn in den alten Zeiten, als das Wünschen noch geholfen hat, hat die Kraft der Vorstellung ausgereicht, um Liebende auf ewig zu vereinen.

Adresse:
Simmeringer Platz, 1110 Wien.

Öffnungszeiten:
bei freiem Eintritt ganzjährig rund um die Uhr.

Erreichbarkeit mit Öffis:
U-Bahn Linie 3, Endstation Simmering.

Faniteum
(Wien 13, Hietzing)

Das Faniteum, seit 1977 ein Kloster der Unbeschuhten Karmelitinnen, das weithin sichtbar auf einer Hügelkuppe liegt, gilt als das Taj Mahal von Wien – gestiftet wurde dieses Monument der Liebe von dem romantischen Adeligen Karl Graf Lanckoronski, im Andenken an seine Frau Franziska Gräfin Attems, „Fani" genannt. Ursprünglich sollte an der Stelle ein Sommerhaus für das Liebespaar entstehen, doch dann starb Fani 1893 nach nur einem Jahr glücklicher Ehe bei der Geburt des Sohns Anton. Der Graf wollte daraufhin das Gebäude nicht mehr beziehen und so wurde daraus ein Heim für mittellose Mädchen, in dem sie sich nach einem Spitalsaufenthalt erholen konnten, etwa nach einer Entbindung.

Karl Graf Lanckoronski wollte seine Fani in der Kapelle des Hauses bestatten, was ihm jedoch untersagt wurde. Franziska

Gräfin Attems fand ihre letzte Ruhe daraufhin auf dem Hietzinger Friedhof.

Adresse:
Hanschweg 1, 1130 Wien.

Öffnungszeiten (Kapelle):
bei freiem Eintritt ganzjährig täglich von 6:00 bis 19:00 Uhr.

Erreichbarkeit mit Öffis:
Autobus Linie 55 B, Station Ghelengasse.

Wotrubakirche
(Wien 23, Liesing)

Die Kirche am Georgenberg wurde von dem bedeutenden österreichischen Bildhauer Fritz Wotruba (1907–1975) erbaut und stellt mit ihren 152 kubisch gegossenen und asymmetrisch aufgetürmten, glatten Betonblöcken mit eingefügten Glasflächen eine der ungewöhnlichsten Gotteshäuser der Welt dar. Aufgrund anfänglichen Widerstands seitens der Bevölkerung konnte es allerdings erst zehn Jahre nach seiner Planung und ein Jahr nach dem Tod des Künstlers geweiht werden.

Tagsüber interessant anzusehen, verwandelt sich die Wotrubakirche nachts zu einem mystischen Gebilde wie von einem anderen Planeten, das eine ganz eigene seltsame Energie ausstrahlt. Wer sich vor diesem Bauwerk küsst, wird das bestimmt nie vergessen!

Adresse:
Ottillingerplatz 1, 1230 Wien.

Öffnungszeiten:
bei freiem Eintritt ganzjährig Samstag von 14:00 bis 20:00 Uhr und
Sonntag von 9:00 bis 16:30 Uhr.

Erreichbarkeit mit Öffis:
Autobus Linie 60A, Station Kaserngasse.

Zauberhafte Plätze und verwunschene Gassen

Nun ist der Abend kommen, Die Sterne sind entglommen,
Die Straßen schlummern mählig ein.
Abwerf' ich all' mein Mühen
Und laß in mir erblühen

Der Liebe Sehnsucht ganz allein.
AUS DEM GEDICHT „ABENDGANG", HEINRICH
HART, DEUTSCHER SCHRIFTSTELLER, 1855–1906

Hand in Hand das Labyrinth in entzückenden Gässchen in der Innenstadt erkunden, sich die wunderschönen Plätze ansehen und dabei die Gebäude rundherum bewundern – ein Spaziergang durch Wien, bei dem man sich in eine frühere Zeit versetzt, als die Menschen sich in den engen Straßen noch zum Plaudern trafen und neben den fröhlichen Stimmen das Klappern von Pferdehufen und die Melodien der Straßenmusikanten zu hören war, ist Romantik pur. Nach vollbrachtem Tagwerk sind die Paare damals zusammengesessen, ohne Fernseher, Computer oder Spielkonsole, und haben geredet und gelacht.

Besonders zauberhaft ist es, abends durch die Gassen zu schlendern, wenn schon das fahle Licht aus den Fenstern der Häuser auf das Pflaster fällt und die Stadt langsam immer leiser wird.

Der Michaelerplatz – von der Lagervorstadt zum Lustgarten

(Wien 1, Innere Stadt)

Einer der interessantesten Orte in der Wiener City ist der Michaelerplatz. Im römischen Lager Vindobona befand sich an dieser Stelle vom 1. bis 5. Jahrhundert eine wichtige Kreuzung der Limesstraße, Richtung Carnuntum, mit dem Weg nach Aqua (Baden bei Wien) und weiter bis nach Scarbantia (Ödenburg). Darüber hinaus lag auf dem Platz ein Teil der zivilen Lagervorstadt, in der damals rund ein paar Hundert Personen, in erster Linie Händler, Handwerker, Gastwirte und Betreiber verschiedenster Vergnügungsstätten, mit ihren Frauen und Kindern in bescheidenem Luxus von den Geschäften mit den Soldaten lebten.

Im Mittelalter behielt das Areal aufgrund der zentralen Lage seinen hohen Stellenwert, weshalb man dort im 13. Jahrhundert die *Michaelerkirche* errichtete, die dem Erzengel Michael geweiht ist. Von dem romanischen Gotteshaus, das neben dem Stephansdom und dem Schottenstift zu den ältesten Kirchen Wiens zählt und neben der Augustinerkirche als Hofpfarre der Habsburger galt, bekam die sternförmige Fläche 1850 seinen Namen.

Als der Michaelerplatz in den Jahren 1990/1991 neu gestaltet wurde, entdeckte man unter dem Asphalt Mauerreste mit Spuren von Wandmalerei der Lagervorstadt von Vindobona. Es ist außerdem ein tiefer mehrstöckiger, aus Ziegel gemauerter Keller aus dem 19. Jahrhundert zu sehen – es handelt sich dabei um einen Teil des im 15. Jahrhundert von Friedrich III. als Teil der Hofburg errichteten Lustgartens, für den sich später die Bezeichnung *„Paradeisgartel"* (vermutlich spöttisch für „Paradiesgarten") einbürgerte. In diesem Park befanden sich einst ein Hecken-Labyrinth, anmutige Marmorstatuen, plätschernde Springbrunnen und vereinzelt platzierte Sitzbänke, auf welchen man sich nach einem Spaziergang ausruhen und die grüne Idylle genießen konnte. 1540 ließ Kaiser Ferdinand I. im unteren Bereich der Anlage, auf dem heutigen Michaelerplatz, das alte Burgtheater erbauen, das sich bis Ende des 19. Jahrhunderts ebenfalls an dieser Stelle befand, bevor es auf den Ring umsiedelte.

Besonders häufig hielt die blutjunge und frisch verliebte Sisi sich in dieser Gegend auf, die es genoss, ihren Franz Joseph bei der Hand zu nehmen und mit ihm durch die verwinkelten Gänge der Hofburg hinüber zum Burgtheater zu laufen, um dort mit ihm ein paar ungestörte romantische Stunden zu zweit zu verbringen – fernab der Etikette und aus dem Blickfeld der strengen Schwiegermutter entschwunden.

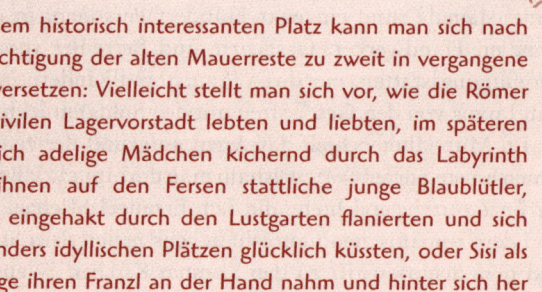

Romantik-Tipp

Auf diesem historisch interessanten Platz kann man sich nach der Besichtigung der alten Mauerreste zu zweit in vergangene Zeiten versetzen: Vielleicht stellt man sich vor, wie die Römer in der zivilen Lagervorstadt lebten und liebten, im späteren Kaiserreich adelige Mädchen kichernd durch das Labyrinth liefen, ihnen auf den Fersen stattliche junge Blaublütler, Pärchen eingehakt durch den Lustgarten flanierten und sich an besonders idyllischen Plätzen glücklich küssten, oder Sisi als 16-Jährige ihren Franzl an der Hand nahm und hinter sich her zum Michaelerplatz zog, um mit dem Mann ihres Herzens unbeschwerte Stunden abseits des höfischen Alltags zu verbringen.

Adresse:
1010 Wien.

Öffnungszeiten:
bei freiem Eintritt ganzjährig rund um die Uhr.

Erreichbarkeit mit Öffis:
U-Bahn Linie 3, Station Herrengasse, oder Autobus Linien 2A und 3A, Station Michaelerplatz.

Verträumtes Winkelwerk und zauberhafte Innenhöfe im historischen Stadtkern
(Wien 1, Innere Stadt)

Neben dem „goldenen U" – den exklusiven Pracht- und Einkaufs-straßen Graben, Kärntner Straße und Kohlmarkt/Tuchlauben – gibt es im historischen Zentrum Wiens zahlreiche malerische Gässchen, deren verträumte Atmosphäre und romantischer Flair nicht zu überbieten sind. Darüber hinaus verbergen sich hinter so mancher Fassade der Wiener Bürgerhäuser, von prachtvoll bis unscheinbar, zauberhaft gestaltete Innenhöfe und malerische Durchgänge. Diese versteckten Plätzchen, die man nur findet, wenn man weiß, wo man suchen muss, so nahe an der lebendi-gen City und doch so fern vom Stadttrubel, gelten als Oasen der Ruhe, als Energietankstellen. Darüber hinaus entdeckt man beim Spaziergang durch diese Altstadtgasse viele Kellerabgänge mit schmalen steinernen Wendeltreppen. Im Mittelalter wurden unter der Erde vorwiegend Wein und Lebensmittel gelagert.

Und über dem gesamten Winkelwerk erhebt sich der Südturm des Stephansdoms, gleich einer Kompassnadel, die dabei hilft, sich im Gassenlabyrinth zurechtzufinden.

Blutgasse

Angelegt vermutlich im 14. Jahrhundert, verströmt die Blutgasse noch heute frühmittalterlichen Charme, auch wenn ihr einstiger Name „Kotgässel" nur wenig Beschaulichkeit vermittelt. Unter Umständen trug sie diese Bezeichnung aufgrund des Umstands, dass sich dort, anders als in den übrigen Gassen, die Toiletten nicht in den Innenhöfen der Häuser, sondern als Gruben im Boden an den Außenseiten befanden. Der Name „Plutgessel" tauchte erstmals 1547 auf, wobei dieser möglicherweise auf die Schlachthäuser zurückzuführen ist, die es damals in der Gegend gab. Eine andere Version lautet, dass sie nach der grausamen Ermordung einiger Tempelritter im Jahr 1312 inoffiziell so genannt wurde und sich die Bezeichnung später eingebürgert hat.

Die Blutgasse sowie das gesamte romantische Viertel rundherum, besonders die Häuserblocks hinter dem Stephansdom, sind für die zauberhaften Innenhöfe bekannt. Ein besonders sehenswerter liegt hinter dem Hauseingang Nr. 3, in dem sich eines der schönsten Pawlatschenhäuser – für Wien typische Bauten, in welchen man durch außen liegende, umlaufende Laubengänge zu den Wohnungen gelangte – der Stadt befindet.

Adresse:
1010 Wien.

Öffnungszeiten:
bei freiem Eintritt stehen die Tore zu den Innenhöfen tagsüber meist
    offen.

Erreichbarkeit mit Öffis:
U-Bahn Linien 1 und 3, Station Stephansplatz.

Schönlaterngasse

Mit ihren bunten Barockfassaden ebenfalls sehr pittoresk ist die Schönlaterngasse, die sich in etwa fünf Gehminuten Entfernung von der Blutgasse befindet und ab 1780 nach dem ehemaligen Hausschild „Zur schönen Laterne" auf Nr. 6 benannt wurde. Heute befindet sich an dieser Stelle die Kopie einer Laterne, das Original ist im Wien Museum ausgestellt. Früher hieß die Gasse, deren Verbauung bis ins Hochmittelalter zurückgeht, „Gäßlein beim Heiligenkreuzerhof", was sich auf das Gebäude Nr. 5 bezieht, das als das älteste Zinshaus Wiens bezeichnet wird und bis heute dem Zisterzienserstift Heiligenkreuz gehört. Das berühmteste Haus der Schönlaterngasse ist aber das Basiliskenhaus

(Nr. 7). Laut einer bekannten Sage hauste dort im Jahre 1212 ein Basilisk (im Mittelalter Symbol für die Pest) im Hofbrunnen, der von dem mutigen jungen Bäckergesellen Johann ausgetrickst und unschädlich gemacht wurde. Aus Liebe zum Dienstmädchen Anna, das er heimlich verehrte, stieg er hinab und hielt dem Untier einen Metallspiegel vors Gesicht, das daraufhin vor Schreck über seine eigene Abscheulichkeit zu Stein erstarrte. Ein Fresko an der Hausmauer zeugt von dieser Heldentat, die bereits 1577 schriftlich auf der Fassade festgehalten wurde.

Adresse:
1010 Wien.

Öffnungszeiten:
bei freiem Eintritt ganzjährig rund um die Uhr.

Erreichbarkeit mit Öffis:
U-Bahn Linien 1 und 4, Station Schwedenplatz sowie Linie 3, Station Stubentor, oder Straßenbahn Linie 2, Station Julius-Raab-Platz.

Naglergasse

In die andere Richtung, jenseits des Grabens und eine Art Verlängerung dieser Einkaufsstraße, etwa acht Gehminuten von der Blutgasse entfernt, liegt die Naglergasse, in der im 14. Jahrhundert die „Nadler" (Schmiede, die verschiedenste Arten von Nadeln herstellten) ihr Gewerbe ausführten. Bis 1547 hieß die Gasse daher „Unter den Nadlern", die Änderung von „Nadel" in „Nagel" dürfte durch die Abwertung dieses Berufszweigs entstanden sein. Damals existierte an dieser Stelle allerdings nur ein schmaler Pfad, der hinter der Umgrenzung des Römerlagers Vindobona vorbeiführte. Links von dem kleinen Weg lag der alte Stadtgraben, was am Gefälle zum Haarhof hin Richtung Wallnerstraße erkennbar ist. Heute sieht man in der engen Naglergasse prunkvolle Hausfronten und wunderschön dekorierte Auslagen der dort befindlichen Mini-Geschäfte. Besonders empfehlenswert sind die eleganten Schmuckläden, in welchen man sich ein bisschen fühlt wie bei Tiffany's, nur in kleinerem

Rahmen. Das romantischste Gebäude in dieser Gasse ist zweifels-
ohne das *Haus zur roten Rose* (Nr. 12), in dem der Leinenweber
Joseph Kranner, ehemaliger k. k. Hoflieferant, im Jahr 1818 sein
erstes Geschäft eröffnete, das noch heute existiert und von seinen Nachfahren geführt wird. Bei dem heutigen Schlösschen mit
zahlreichen verspielten Ornamenten und einem kleinen Spitzturm
handelt es sich allerdings um einen Neubau aus dem Jahr 1902.

Die Naglergasse mündet in den prächtigen Platz *Am Hof*, auf
dem im 12. Jahrhundert Minnesänger wie Reinmar von Hagenau
und Walther von der Vogelweide im Wettstreit zueinander auftra-
ten und ihre schönsten Liebeslieder zum Besten gaben.

Herzeliebez frouwelin,
got gebe dir hiute und iemer guot!
Kund ich baz gedenken din,
des hete ich willeclichen muot.
Waz mac ich dir sagen me,
wan daz dir nieman holder ist? owe da von ist mir vil we.

(Walther von der Vogelweide, um 1170 – etwa 1230)

Herzensliebe kleine Herrin, / Gott gebe dir heute und immer
Gutes! / Könnte ich mir für dich besseres denken, / wäre ich
gern dazu bereit. / Was kann ich dir mehr sagen, / als dass dich
niemand lieber hat? Oweh, das bereitet mir großen Schmerz.

(Übersetzung: www.pinselpark.org)

Adresse:
1010 Wien.

Öffnungszeiten:
bei freiem Eintritt ganzjährig rund um die Uhr.

Erreichbarkeit mit Öffis:
U-Bahn Linien 1 und 3, Station Stephansplatz.

Wächtergasse

Dabei handelt es sich um eine der Gassen, die für sich in Anspruch nimmt, die schmalste von Wien zu sein: die dämmrige und ein wenig unheimlich wirkende Wächtergasse. Sie endet im unteren Teil in einer engen Treppe mit schmutzigen hohen Stufen und führt seit dem 15. Jahrhundert steil vom Tiefen Graben auf die Renngasse, früher „aufm Bühel" genannt. Zwischen den sich gegenüberliegenden Häusern spreizen sich mehrfach waagrechte Bögen. Nahe der Einmündung in den Graben befand sich im Mittelalter eine Niederlassung der städtischen Rumorwache, die nachts in der Stadt für Ruhe und Ordnung sorgte.

Andere sehr schmale Gassen sind unter anderem die Kleeblatt-, die Salvator- und die Sonnenfelsgasse (Wien 1, Innere Stadt). Besonders putzig ist die Gasse ohne Namen, welche die Spittelberg- mit der Gutenberg- und Kirchenberggasse (Wien 7, Neubau) verbindet.

Echte Romantiker können den Weg auf den Namen ihres Partners taufen, ihn dorthin bringen und vor Ort küssen.

Adresse:
1010 Wien.

Öffnungszeiten:
bei freiem Eintritt ganzjährig rund um die Uhr.

Erreichbarkeit mit Öffis:
Straßenbahn Linie 1, 71 und D, Station Börse.

Romantik-Tipp

Zu zweit kann man sich in die Zeit des Mittelalters zurückversetzen, sich darüber unterhalten, welchen Zweck die anbetende Minne damals erfüllte, was Paare zusammengehalten hat und welche harten Schicksalsschläge sie hinnehmen mussten. Gemeinsam haben sie die schwersten Prüfungen bestanden und sind durch dick und dünn gegangen, ohne beim kleinsten Problem gleich an Trennung zu denken, den Partner kampflos aufzugeben oder einfach davonzulaufen, wie es heute in modernen Lebensgemeinschaften häufig der Fall ist. Die kleine Reise in die Vergangenheit, umrahmt von traumhaften Bildern vergangener Zeiten, ist unter Umständen ein Heilmittel für Liebende, die sich vom Partner verletzt fühlen, oder auch für kränkelnde Beziehungen. Und da die meisten kleinen, alten Gassen dunkel und ruhig sind, bleibt auch alles unter vier Augen und Ohren.

... und weitere romantische Gassen und Innenhöfe im Zentrum

Blutgasse/Singerstraße: Fähnrichhof

In diesem Gebäude, dessen Grundmauern auf das 13. Jahrhundert zurückgehen, sollen einst die Tempelritter Quartier bezogen haben und dort von ihren Feinden überrascht und brutal erschlagen worden sein – eine Annahme, die nie mit historischen Fakten untermauert werden konnte. Sicher ist jedoch, dass es sich um einen Treffpunkt der Anführer des bürgerlichen Wachdienstes von jedem der vier Stadtviertel (Stuben-, Kärntner-, Widmer- und

Schottenviertel), die Fähnriche oder Viertelmeister genannt wurden, handelte. Im Innenhof des Gebäudes steht eine 250 Jahre alte Platane, in deren Stamm sich ein Gitterteil des *„Stephansfreithofs"* (ehemalige mittelalterliche Begräbnisstätte beim Stephansdom) befindet.

Adresse:
Blutgasse 5–9/Singergasse 9 und 11, 1010 Wien.

Öffnungszeiten:
bei freiem Eintritt stehen die Tore zu den Innenhöfen tagsüber meist offen.

Erreichbarkeit mit Öffis:
U–Bahn Linien 1 und 3, Station Stephansplatz.

Wollzeile: Erzbischöfliches Palais

Das ursprüngliche Gebäude an der Stelle des heutigen Erzbischöflichen Palais wurde bereits 1276 erstmals urkundlich erwähnt, zerfiel jedoch bei einem Stadtbrand 1627 zu Schutt und Asche. Es wurde in den Jahren 1632 bis 1641 durch das heutige Palais ersetzt, das die Residenz des Kardinals, die Verwaltungsbehörden der Erzdiözese Wien beherbergt. Im Innenhof ist ein bezaubernder Brunnen zu finden, der die Figur Temperantia, ein Sinnbild für Mäßigung und Ausgewogenheit, darstellt. Rechts und links davon befinden sich zwei goldene Skulpturen, die vermutlich die Kaiser Ferdinand II. und Ferdinand III. darstellen.

Adresse:
Wollzeile 2 (Eingang), 1010 Wien.

Öffnungszeiten:
Die Innenhöfe des Palais sind nicht öffentlich zugänglich, doch an Werktagen gestattet der Portier den Zutritt.

Erreichbarkeit mit Öffis:
U–Bahn Linien 1 und 3, Station Stephansplatz.

Wollzeile: Schmeckender-Wurm-Hof

Zu diesem Hof, der einen malerisch gestalteten Durchgang zum Lugeck aus dem 17. Jahrhundert aufweist, existiert folgende Sage: *In einem der Keller soll ehemals ein Drache, früher auch „Wurm" genannt, gehaust haben, der einen grauenhaften Gestank verbreitete. Da „schmecken" damals auch für „riechen" stand, wurde das Haus kurzerhand in „Schmeckender-Wurm-Hof" umbenannt.*

Eine andere Geschichte erzählt von einem Mädchen, das in einem der Häuser wohnte. *Als ihr Verehrer einen Blumenstrauß zum Fenster hochwarf, ließ diese ihn verächtlich fallen. Die Pflanzen landeten zwischen den Klauen des goldenen Alligators – das Zunftzeichen des Taschners im selben Haus. Der unglücklich platzierte Strauß erweckte den Eindruck, der „Wurm" würde an den Blumen riechen.*

Adresse:
Wollzeile 5 (Eingang), 1010 Wien.

Öffnungszeiten:
bei freiem Eintritt ganzjährig rund um die Uhr.

Erreichbarkeit mit Öffis:
U–Bahn Linien 1 und 3, Station Stephansplatz.

Bäckerstraße: Haus Stampa

Das gut erhaltene Renaissancewohnhaus aus dem 16. Jahrhundert, nach seinem einstigen Besitzer auch Haus Stampa benannt, präsentiert seinen Besuchern einen wunderschönen Arkadenhof, der heute teilweise vermauert oder verglast ist. Alle Balkone sind mit eleganten und zugleich filigranen Schmiedeeisenarbeiten in Ornamentaloptik verziert. Die Arkadenbögen im Hof dienten früher als Pferdeunterstand, daher findet man dort auch noch historische Pferdetränken. Fast vermeint man an dieser Stelle das Klappern von Hufen und ein leises Wiehern zu hören und fühlt sich in die Zeit zurückversetzt, in der ausschließlich Fuhrwerke durch die Straßen Wiens rollten und Waren oder Menschen von einem Ort zum anderen beförderten.

Adresse:
Bäckerstraße 7, 1010 Wien.

Öffnungszeiten:
Das Haustor ist manchmal verschlossen – später versuchen oder läuten
und um Einlass ersuchen.

Erreichbarkeit mit Öffis:
U-Bahn Linien 1 und 3, Station Stephansplatz.

Singerstraße/Stephansplatz: Deutschordenshaus

Ausgehend von einer Niederlassung der Ritter vom Deutschen
Orden im 13. Jahrhundert, entstanden bis zum 18. Jahrhundert
einige Zubauten. Heute umfasst das Gebäude zwei Innenhöfe mit
Fassaden im Stil des 17. Jahrhunderts. In einer der Wohnungen
lebte kurze Zeit Wolfgang Amadeus Mozart, der den fürsterz-
bischöflichen Koch und Oberstfischmeister Karl Graf Arco so
lange mit seiner Nörgelei nervte, bis dieser ihm am 2. Mai 1781
einen Fußtritt verpasste, aus dem Haus warf und damit das
Dienstverhältnis des Salzburger Hoforganisten beendete. Mozart,
der die Entlassung provoziert haben dürfte, weil er den Dienst
beim Fürsterzbischof verabscheute, schrieb in einem Brief an seinen Vater:

> *… da schmeist er mich zur thüre hinaus, und giebt mir einen
> tritt im hintern. – Nun, das heisst auf teutsch, daß Salzburg
> nicht mehr für mich ist; ausgenommen mit guter gelegenheit
> dem hr. grafen wieder ingleichen einen tritt im arsch zu geben,
> und sollte es auf öfentlicher gasse geschehen.*

In den Jahren 1863 bis 1865 bewohnte Johannes Brahms das
oberste Stockwerk vom Deutschordenshaus.

Adresse:
Singerstraße 7/Stephansplatz 4, 1010 Wien.

Öffnungszeiten:
bei freiem Eintritt ganzjährig rund um die Uhr.

Erreichbarkeit mit Öffis:
U–Bahn Linien 1 und 3, Station Stephansplatz.

Weitere kleine Gassen und schöne Innenhöfe in und außerhalb der Inneren Stadt
(frei zugänglich)

Bäckerstraße 2 und 4, 1010 Wien: U-Bahn Linien 1 und 3, Station Stephansplatz.

Weihburggasse 14, 16 und 21, 1010 Wien: Straßenbahn Linie 2, Station Weihburggasse.

Singerstraße 11, 16 und 22, 1010 Wien: U-Bahn Linien 1 und 3, Station Stephansplatz.

Grünangergasse 1, 1010 Wien: U-Bahn Linien 1 und 3, Station Stephansplatz.

Ballgasse 4, 1010 Wien: U-Bahn Linien 1 und 3, Station Stephansplatz.

Bräunerstraße 3, 1010 Wien: U-Bahn Linien 1 und 3, Station Stephansplatz.

Kohlmarkt 11, 1010 Wien: U-Bahn Linie 3, Station Herrengasse.

Mariahilfer Straße 45, 1060 Wien: U-Bahn Linie 3, Station Neubaugasse.

Neustiftgasse 16, 1070 Wien: U-Bahn Linien 2 und 3, Station Volkstheater.

Siebensterngasse 46, 1070 Wien: Straßenbahn Linie 49, Station Siebensterngasse.

Lange Gasse 29, 1080 Wien: Straßenbahn Linie 2, Station Rathaus.

Der Wiener Naschmarkt als kulinarisches Highlight der Stadt
(Wien 6, Mariahilf)

Wenn Liebe durch den Magen geht … dann ist der Wiener Naschmarkt mit seinen Spezialitäten der richtige Ort, um Gefühle zu beflügeln.

Der mit rund 2,3 Hektar größte innerstädtische Markt liegt auf dem überbauten Wienfluss zwischen der Linken und der Rechten Wienzeile, zieht sich auf der einen Seite bis zum Getreidemarkt, auf der anderen bis zur Kettenbrücke.

Schon im 16. Jahrhundert existierte auf dem Platz, auf dem sich heute der Naschmarkt befindet, ein Bauernmarkt, auf dem vorwiegend mit Milchprodukten gehandelt wurde – der Aschenmarkt. Es wird vermutet, dass die Bezeichnung von den aus Eschenholz, damals „Asch" genannt, gefertigten Milchbehältern stammt. Ab etwa 1820 ist der Name „Naschmarkt" belegt, dessen Name entweder vom „Aschenmarkt" abgeleitet wurde, oder aber auf die dort zu dieser Zeit angebotenen Süßigkeiten, etwa getrocknete, in Zucker eingelegte Früchte oder Datteln, zurückzuführen ist. Im Zuge der Neugestaltung des Wientales hat man dann das Bett des Wienflusses überdacht und das Areal zum vergrößerten Marktplatz umgebaut, der 1919 eröffnet wurde. Die historischen Verkaufsstände aus der Zeit des Ersten Weltkriegs sind seit damals erhalten geblieben, weshalb der Naschmarkt zu einer Wiener Institution geworden ist.

Auf dem Naschmarkt gibt es vorwiegend frisches Obst, Gemüse, Käse, Fleisch, Fisch und Backwaren zu kaufen, aber auch erlesene Kostbarkeiten wie edle Weine und exotische Leckereien aus fernen Ländern. Zwischen den Ständen finden sich zahlreiche kleine Lokale mit Tischen und Sesseln vor den Türen, die typische Gerichte aus Griechenland, Italien, Asien, Marokko und der Türkei anbieten. Da die Gastronomiebetriebe bis Mitternacht offen halten dürfen, herrscht vor allem in den Sommermonaten auch nachts ein reges, lebensfrohes Treiben auf dem Markt.

Jeden Samstag findet auf dem Parkplatz beim Naschmarkt Wiens größter und interessantester Flohmarkt statt – es gibt von teuren Antiquitäten und wertvollen Musikinstrumenten, über orientalische Mode und asiatische Kunstgegenstände bis hin zu billigen Klamotten und gebrauchtem Spielzeug alles, was das Herz begehrt.

Romantik-Tipp

Besonders anregend für Verliebte ist ein Spaziergang durch den Markt an warmen sonnigen Tagen, wenn die Menschen entspannt vor den Lokalen in der Sonne sitzen, die Händler vor ihren Ständen über die Ware und ihre Qualität fachsimpeln und der intensive Geruch nach exotischen Gewürzen, gebackenem Fisch und frischen Backwaren durch die Luft weht. Das multikulturelle Flair, das am Naschmarkt herrscht, versetzt in entspannte Globetrotter-Stimmung, das reichhaltige Angebot an süßen, sauren, bitteren und scharfen Spezialitäten bringt die Geschmacksnerven zum Vibrieren. Ist man an einem Samstag unterwegs, kann man nach dem Bummel durch das Kulinarik-Paradies noch zum Flohmarkt schlendern und versuchen, das eine oder andere Schnäppchen für die gemeinsame Wohnung oder ein ausgefallenes Geschenk für den Partner zu ergattern. Zum krönenden Abschluss besucht man eines der kleinen Restaurants oder eine Imbissbude und blickt sich beim Dinner for two tief in die Augen. Eine andere Möglichkeit wäre, sich von der Vielfalt des Angebots inspirieren zu lassen, alle notwendigen Zutaten für ein Liebesmahl zusammenzutragen und dieses daheim Seite an Seite zu kochen.

Adresse:
1060 Wien.

Öffnungszeiten:
Montag bis Freitag von 6:00 bis 18:30 Uhr, Samstag von 6:00 bis
17:00 Uhr, Flohmarkt jeden Samstag von 6:30 bis 18:00 Uhr.

Erreichbarkeit mit Öffis:
U–Bahn Linien 1, 2 und 4, Station Karlsplatz oder Kettenbrückengasse.

Der Brunnenmarkt – ein „orientalischer Bazar" mit Wiener Charme
(Wien 16, Ottakring)

Ganz anders als der moderne, trendige und eher noble Naschmarkt präsentiert sich der laute und bunte Brunnenmarkt, auf dem es zugeht, wie auf einem orientalischen Basar – zu handeln und feilschen ist ausdrücklich erwünscht. Der längste Straßenmarkt Wiens, dessen Wurzeln bis ins Jahr 1830 zurückreichen, kommt ganz ohne Lifestyle mit edler Deko und sorgfältiger Warendarbietung aus, überzeugt vielmehr mit Herzlichkeit und Bodenständigkeit plus Urlaubsfeeling. Der Markt besteht im Wesentlichen aus einfachen, leicht zusammenklappbaren Holzbuden und uralten Leiterwägen, da er jeden Abend komplett abgebaut wird. Diese Tatsache hat zur Folge, dass viele Händler ab etwa 17 Uhr beginnen, ihre Waren verbilligt abzustoßen und dies auch lautstark kundtun – das ist die beste Zeit, um einige Schnäppchen zu ergattern.

Angeboten werden auf dem Brunnenmarkt unter anderem frischestes Obst und Gemüse, Fleisch, Fisch, Backwaren und Käse, türkische und griechische Spezialitäten sowie Bio-Produkte österreichischer Bauern. Für den kleinen Hunger finden sich zahlreiche Kebabstände, die auch Möglichkeiten zum kulturellen Austausch bieten, da sich auf dem Markt viele Türken und Griechen aufhalten. Ebenfalls einen Besuch wert sind die zahlreichen und teilweise kuriosen Geschäfte und Lokale der Brunnengasse, in welchen (meist türkische) Cafés und Kneipen, Ramschläden sowie Schmuck- und Keramikhändler untergebracht sind.

Romantik-Tipp

Händchen haltend über den Markt bummeln, einen Döner for two genießen, mit den lustigen Budenbetreibern scherzen, zusammen in einem der Ramschläden eine kitschige Kleinigkeit als Maskottchen für die Liebe aussuchen und zuletzt frisches Obst einkaufen, mit dem man sich später auf einer Parkbank in der Sonne gegenseitig füttert – so sieht ein gelungener Aufenthalt auf dem Brunnenmarkt aus.

Adresse:
Brunnengasse, 1160 Wien.

Öffnungszeiten:
ganzjährig, Montag bis Freitag von 6:00 bis 18:30 Uhr, Samstag von 6:00 bis 14:00 Uhr. Am ersten Samstag im Monat bis 18:00 Uhr.

Erreichbarkeit mit Öffis:
Straßenbahn Linie 44, Station Yppengasse, oder Linien 46 und J, Station Brunnengasse.

Zwei beliebte „Grätzl" von Wien

Mit „Grätzl" bezeichnet man in Wien Teile von Wohnbezirken, die sich durch bestimmte kulturelle Einflüsse, bauliche Auffälligkeiten oder ein eigenes Lebensgefühl vom benachbarten Umfeld unterscheiden. Häufig wird diese Unterteilung in Grätzl mit dem Umstand begründet, dass diese ursprünglich aus vielen kleinen Orten bestand, die erst nach und nach zu einem großen Ganzen wurden. In einigen Stadtteilen ist der dörfliche Charakter und Charme bis heute erhalten geblieben, was diese Gegenden besonders charmant macht.

Griechenviertel
(Wien 1, Innere Stadt)

Mit dem Namen „Griechenviertel" wird der Teil rund um den Fleischmarkt und die Griechengasse bezeichnet, in dem sich ab Ende des 17. Jahrhunderts griechische Kaufleute niederließen, die vorwiegend im Orienthandel tätig waren. Im Jahr 1685 wurde in dieser Gegend in einem Wohnhaus am Haarmarkt (heute Rotenturmstraße Nr. 14) das erste Wiener Kaffeehaus eröffnet, das sich, ebenso wie das Griechenbeisl am Fleischmarkt 11, zum beliebten Treffpunkt der ansässigen Händler entwickelte.

An der Adresse Fleischmarkt 13 befindet sich die Griechenkirche zur Heiligen Dreifaltigkeit, die mit ihrer goldenen Backsteinfassade einen bezaubernden Blickfang bietet. Es lohnt sich, Hand in Hand einen Fuß in die säulenbestandene Eingangshalle dieses Gotteshauses zu setzen – in einen mystischen, dunklen Raum, in dem nur gelegentlich das Flackern einer Kerze zu sehen ist.

In der Griechengasse, einem bezaubernden kleinen Weg mit Kopfsteinpflaster, steht ein Haus (Nr. 7) aus dem 17. Jahrhundert, an dem sich eine Rokokolaterne und in einer Nische eine barocke Madonna befinden. Im Hinterhof sind ein alter Brunnen mit steinernem Becken und ein Wachturm aus dem 13. Jahrhundert zu sehen. Sehr romantisch ist auch der Hafnersteig, ein uraltes, steil abfallendes Gässchen vom Fleischmarkt zum Donaukanal, das nach der Berufsgruppe der Hafner (Töpfer und Ofenbauer) benannt ist.

Adresse:
1010 Wien.

Öffnungszeiten:
bei freiem Eintritt ganzjährig rund um die Uhr.

Erreichbarkeit mit Öffis:
U–Bahn Linien 1 und 4, Station Schwedenplatz.

Spittelberg
(Wien 7, Neubau)

Das Areal wurde im 16. Jahrhundert vom Bürgerspital erworben, woraus sich auch der ursprüngliche Name, Spitalberg, ableitete. Bis 1850 eine dörfliche eigenständige Gemeinde mit Weideland rundherum, ist der Spittelberg mit seinen kleinen romantischen Gassen und den charmanten Biedermeierhäusern heute eines der beliebtesten „Grätzln" von Wien – alternativer Flair trifft auf trendigen Zeitgeist, urige Kneipen liegen neben schicken Restaurants und coole Studentenlokale neben noblen Bars. Zusätzlich findet sich dort eine hohe Dichte an Kunsthandwerksbetrieben, weshalb der Stadtteil häufig auch als kreativer Knotenpunkt Wiens bezeichnet wird.

Im Sommer herrscht am Spittelberg südländisches Ambiente, man hört die Leute in den Schanigärten plaudern und lachen, während sich das eine oder andere verliebte Paar küssend in einen der malerischen Innenhöfe zurückzieht – in dieser Zeit kann man sich in den kleinen Ort zurückversetzen, der sich einst dort befand, in dem die Leute nach getaner Arbeit zusammensaßen und den Abend ausklingen ließen oder in den dunklen Ecken Zärtlichkeiten austauschten.

Vom 18. bis Mitte des 20. Jahrhunderts hatte die Gegend, die zu diesem Zeitpunkt bereits Spittelberg genannt wurde, einen sehr zweifelhaften Ruf – es handelte sich um das Zentrum der Gaukler und Spielleute sowie um eine Hochburg der Prostitution. Zusätzlich breiteten sich aufgrund der dichten Bebauung in dem Viertel Krankheiten rascher als in anderen Stadtteilen aus. Auch Giacomo Casanova (1725–1798) besuchte während seines Wien-Aufenthalts im Jahr 1766 die Dirnen dieser Gegend und wetterte anschließend gegen Maria Theresia, die ihn bei seinen Aktivitäten bespitzeln ließ: *„Schändliche Spione, die man Keuschheitskommissare nannte, waren die unerbittlichen Quälgeister aller hübschen Mädchen; die Kaiserin hatte alle Tugenden, nicht aber die Duldsamkeit, wenn es sich um unerlaubte Liebe zwischen Mann und Frau handelte."*

Die Prostituierten schlossen sich damals aufgrund der strengen Sitten zu „Arbeitsgemeinschaften" zusammen: Die Hübscheste machte an einer Straßenecke unauffällig einem Freier schöne

Augen, eine andere brachte den Interessierten in ihre Wohnung, wo der zahlungswillige Galan selten die attraktive Dame von der Straße vorfand, sondern ihre meist optisch weniger ansprechende Kollegin.

Zu dieser Zeit gab es am Spittelberg rund 50 „Wirtshäuser", wobei es sich um als Trinklokale getarnte Bordelle handelte – am bekanntesten waren die *„Hollerstaude"* und das *„Löberl"* (heute Gasthaus *„Witwe Bolte"*). Aus dem Löberl soll der doppelmoralische Kaiser Joseph II., der zu Beginn seiner Amtszeit viele „Hübschlerinnen" an den Pranger stellen ließ, höchstpersönlich unsanft hinaus befördert worden sein, weil er der Dirne ihren Lohn nicht hatte bezahlen wollen. Daran erinnert heute noch folgender Spruch über der Tür: *Durch dieses Tor im Bogen ist Kaiser Josef geflogen.*

Auch Josefine Mutzenbacher, sollte es sich bei dieser Dame tatsächlich um eine reale Person gehandelt haben, dürfte am Spittelberg ihre Freier bedient haben.

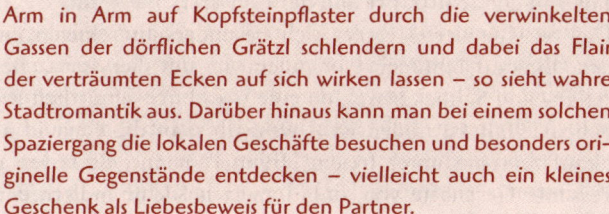

Romantik-Tipp

Arm in Arm auf Kopfsteinpflaster durch die verwinkelten Gassen der dörflichen Grätzl schlendern und dabei das Flair der verträumten Ecken auf sich wirken lassen – so sieht wahre Stadtromantik aus. Darüber hinaus kann man bei einem solchen Spaziergang die lokalen Geschäfte besuchen und besonders originelle Gegenstände entdecken – vielleicht auch ein kleines Geschenk als Liebesbeweis für den Partner.

Adresse:
1070 Wien.

Öffnungszeiten:
bei freiem Eintritt ganzjährig rund um die Uhr.

Erreichbarkeit mit Öffis:
U-Bahn Linien 2 und 3, Station Volkstheater, oder Straßenbahn
Linie 49, Station Siebensterngasse.

... und weitere beschauliche Stadtviertel

Servitenviertel
(Wien 9, Alsergrund)

Das wunderschöne Servitenviertel, das als „Dorf in der Stadt"
bezeichnet wird und dessen Name auf das 1639 gegründete Servitenkloster zurückgeht, liegt zwischen der Währinger
Straße, dem Schottenring und der Rossauer Lände. Das beliebte
Wiener Grätzl bestand ursprünglich aus mehreren Inseln, die von
Seitenarmen der vor längerer Zeit noch unregulierten Donau voneinander getrennt waren. Die Bevölkerung dieses Stadtteils lebte
damals von der Schifffahrt und der Fischerei.

Das Servitenviertel eignet sich besonders für einen roman-
tischen Einkaufsbummel (vor allem in der Serviten-, Berg-,
Porzellan- und Schlickgasse), da eine überdurchschnittlich große
Branchenvielfalt zu finden ist – weshalb man die Gegend auch
„Einkaufszentrum unter freiem Himmel" nennt. Es lassen sich
interessante Geschäfte von ambitionierten Kleinhändlern entdecken und ganz besonders ausgefallene Dinge erwerben – lokale
Vielfalt statt Massenkonsum. Besonders charmant: In keinem
anderen Stadtteil hört man so viel Französisch, da sich in der
Liechtensteinstraße das *Lycée Français*, eine französische Schule,
befindet. Und möchte man innerhalb von Wien einen Kurztrip
nach Italien unternehmen, ist der Servitenplatz der richtige Ort
dafür. Besonders im Sommer, wenn die Wirte ihre Gastronomie
ins Freie verlegen und der Platz von laut schwatzenden jungen
Leuten, Zeitung lesenden älteren Herrschaften und Ball spielen-
den Kindern bevölkert ist, fühlt man sich in den Süden versetzt.

Adresse:
1090 Wien.

Öffnungszeiten:
bei freiem Eintritt ganzjährig rund um die Uhr.

Erreichbarkeit mit Öffis:
U–Bahn Linie 4, Station Rossauer Lände, oder Straßenbahn Linie D,
    Station Seegasse.

Friedensstadt
(Wien 13, Hietzing)

In der Zeit des Elends nach dem Ersten Weltkrieg besetzten im Jahr 1920 einige Kriegsinvaliden eine 200 Hektar große Fläche im Bereich des *Lainzer Tiergartens*, um vom Staat eine Siedlungsbewilligung zu erreichen. Es handelte sich dabei um ein Areal, das bereits im Jahr 1913 für die Umwandlung in ein Villenviertel gerodet worden war. Die Belagerer forderten die Errichtung von Wohneinheiten für sich und ihre Ehefrauen und Kinder, und schon ein Jahr später erfolgte die Grundsteinlegung. Die Baupläne für etliche Häuser (Hermesstraße Nr. 85 – Nr. 99) steuerte kein Geringerer als Adolf Loos (1870–1933), ein berühmter österreichischer Architekt bei. Heute stehen in dem kleinen Viertel die schlichten Häuschen von damals, neben neuen, großzügigen Einfamilienhäusern und Villen. Da der Lainzer Tiergarten den Durchzugsverkehr abblockt, besteht in der Gegend nach wie vor eine sehr hohe Wohnqualität.

Die Friedenssiedlung erinnert Romantiker aber nicht nur an die Bemühungen der Kriegsinvaliden, für ihre Familien einen guten Platz zum Wohnen zu finden, sondern auch an den Architekten einiger Bauten. Adolf Loos heiratete im Jahr 1902 Lina Opertimpfler, der er zum ersten Hochzeitstag schrieb: *Meine süße, große, herrliche Frau! Ich sprach neulich mit Altenberg über Dich und sagte: Sie ist die Weisheit dieser Welt. Sie hat nichts gelernt und weiß doch alles. Sie hat nichts gesehen und versteht alles. Sie hat nichts gelesen und fühlt alle Schmerzen, die die Dichter dieser Erde beschrieben haben …*

Doch schon wenige Wochen nach diesen Zeilen fand Adolf Loos Liebesbriefe von einem anderen Mann, sie stammten von dem damals 18-jährigen Heinz Lang, mit dem Lina Loos eine Affäre begonnen hatte. Sie kannte ihren Verehrer aus dem Kreis der Wiener Kaffeehausliteraten, in dem das Ehepaar Loos (damals wohnhaft an der Adresse Mariahilfer Straße 1b, 1060 Wien) verkehrte. Aus Liebe zu ihrem Gatten beendete Lina das Techtelmechtel, woraufhin sich der junge Liebhaber, der erst kurz davor seine Reifeprüfung erfolgreich abgelegt hatte, erschoss. Der Schock, den diese tragische Liebesgeschichte im literarischen Wien auslöste, fand seinen Niederschlag in Arthur Schnitzlers Stück „Das Wort".

Das bekannteste Bauwerk von Adolf Loos ist das große Gebäude am Michaelerplatz 3, das aufgrund seiner fehlenden Fenstergesimse auch als *„Haus ohne Augenbrauen"* bezeichnet wird. Angeblich hat sich aus diesem Grund Kaiser Franz Joseph stets geweigert, den Blick von der Hofburg zum Michaelerplatz zu werfen – er fand den Bau einfach hässlich.

Adresse:
1130 Wien.

Öffnungszeiten:
bei freiem Eintritt ganzjährig rund um die Uhr.

Erreichbarkeit mit Öffis:
Autobus Linie 60B, Lainzer Tor, oder Straßenbahn Linie 60, Station Riedelgasse.

Cottageviertel

(Wien 18/19, Währing und Döbling)

Die Vorbilder für die Villen im Währinger und Döblinger Cottageviertel, das auf der Türkenschanze in der Nähe des großen Parks liegt und zu den vornehmsten und teuersten Gegenden Wiens zählt, waren ursprünglich englische Landhäuser (cottages). Charakteristisch für dieses Grätzl sind die vielen alten Villen und noblen Häuser mit ihren teilweise roten Backsteinfassaden und ländlichen Bauelementen sowie die ruhigen Gassen voller Bäume und Grünflächen. Es handelt sich bei den Gebäuden zumeist um bürgerliche Familienhäuser, die in den Jahren 1873 und 1874 als Antwort auf die teuren Zinspaläste errichtet wurden. Der erste Baugrund befand sich zwischen Sternwartestraße, Gymnasiumstraße, Haizingergasse und Cottagegasse. Anfangs prägten den Stadtteil britische Gotik-Villen, später wurde im französischen und italienischen Stil gebaut. Zahlreiche Künstler wohnten und wohnen in diesem Viertel, etwa die Dichter Arthur Schnitzler, Felix Salten und Theodor Herzl, der Lyriker Richard Beer-Hofmann sowie der Grafiker, Sänger und Schriftsteller Arik Brauer – es liegt also Poesie in der Luft.

Adresse:
1180/1190 Wien.

Öffnungszeiten:
Bei freiem Eintritt ganzjährig rund um die Uhr.

Erreichbarkeit mit Öffis:
Straßenbahn Linie 38, Station Hardtgasse.

„Freiwillige Durchgänge" mit Biedermeier-Romantik
(Wien 7, Neubau)

Schon von Beginn an waren die Innenhöfe der Biedermeierhäuser aus dem 19. Jahrhundert mit von außen nicht sichtbaren Passagen verbunden, die anfänglich jedoch nur von den Bewohnern genutzt wurden – sie stellten wichtige Kommunikationszentren innerhalb der Hausgemeinschaften dar, da man dort die Nachbarn getroffen und mit ihnen geplaudert hat. Später wurden diese „Freiwilligen Durchgänge", auch *„Durchhäuser"* genannt, für die Allgemeinheit geöffnet, und so entstand hinter den Altbaufassaden eine Art Labyrinth mit verborgenen Winkeln und engen Querverbindungen, das selbst alteingesessene Wiener nicht vollständig kennen.

Eine der beschaulichsten Passagen stellt die von der Mariahilfer Straße 45 zur Windmühlgasse 20 (Wien 7, Neubau) dar, die den Raimundhof teilt. Auf dieser hübschen Abkürzung durch die Stadt befinden sich ein kleines Café und ein paar nette Geschäfte.

Romantik-Tipp

Beim Erkunden des Innenstadt-Labyrinths und Entdecken der vielen Durchgänge sollte man sich unbedingt die Zeit nehmen und die verträumte biedermeierliche Atmosphäre in und zwischen den schönsten Wiener Innenhöfen auf sich wirken lassen. Noch länger die romantische Stimmung genießen kann man in einem der Mini-Café-Gastgärten, die sich in einigen Durchgängen befinden.

Adressen:
fast ausschließlich in Wien 1, 5, 6 und 7.

Öffnungszeiten:
bei freiem Eintritt ganzjährig meist von Sonnenauf- bis Sonnenuntergang.

Erreichbarkeit mit Öffis (Raimundhof):
U-Bahn Linie 3, Station Neubaugasse, oder Straßenbahn Linie 49, Station Siebensterngasse.

Giacomo Casanova in Wien
(Wien 8, Josefstadt)

Der venezianische Schriftsteller und Abenteurer Giacomo Casanova (1725–1798), Schriftsteller, Lebenskünstler, Doktor beider Rechte, Lotterie-Einnehmer, Falschspieler, Hochstapler, Ritter des päpstlichen Ordens vom Goldenen Sporn und Geheimagent der venezianischen Inquisition, gilt als einer der größten Frauenhelden der Geschichte. Auf seinen Reisen pflegte er sein Hobby natürlich nicht zu vernachlässigen, und so konnte er auch in Wien seine Finger nicht von der holden Weiblichkeit lassen. Er besuchte in der Donaumetropole zahlreiche einschlägige Lokale und Freudenhäuser – denn ob er verführte oder für Sex bezahlte, schien ihm fast egal zu sein –, was ihm bereits 1753 eine Rüge und am 23. Jänner 1767 letztlich den Stadtverweis seitens Kaiserin Maria Theresia eintrug. Die gab allerdings „Wildpinkeln" und verbotenes Glücksspiel als Grund für den Rauswurf an. Casanova schrieb dazu in sein Tagebuch:

Infolge der Frömmelei der Kaiserin war es schwer, sich Freuden zu verschaffen. Eine Legion erbärmlicher Spitzel, die man Keuschheitskommissare nannte, waren die unerbittlichen Quälgeister aller hübschen Mädchen; die Kaiserin hatte alle Tugenden, nicht aber die Duldsamkeit, wenn es sich um unerlaubte Liebe zwischen Mann und Frau handelte.

An Maria Theresia richtete er brieflich folgende Worte und die Bitte, doch noch ein paar Tage in Wien bleiben zu dürfen:

Ich bin überzeugt, dass Eure Majestät, wenn ein Insekt mit kläglicher Stimme riefe, dass Sie es zu zertreten drohen, den Fuss ein klein wenig zur Seite setzen würden... Ich bin das Insekt, Madame, das die Bitte wagt, Sie mögen dem Herrn Statthalter befehlen, er solle noch acht Tage warten, bevor er mich mit dem Pantoffel Eurer Majestät zertritt.

Sein Wunsch wurde Casanova nicht erfüllt, Kaiserin Maria Theresia blieb hart – wohl eine der wenigen Frauen im Leben des „weltgrößten Liebhabers", die immun war gegen den Charme dieses Mannes und ihm einen Wunsch abschlug.

Während seines Aufenthalts in Wien 1766/67 ließ sich Casanova auch mit einer Gräfin Blasin ein, die ihn bereits eine längere Zeit über auf seinen Reisen begleitet hatte. Sie machten unter anderem zwei Zimmer im Gasthof „Zum roten Ochsen" unsicher, der sich in der Florianigasse Nr. 29 befand.

Über diese Affäre in Wien schrieb Casanova:

Glücklich und dankbar reiste sie mit mir ab; in Dresden war man sehr überrascht, als ich mit dieser neuen Begleiterin er-

schien. Sie hatte nicht, wie Maton, das Aussehen einer Dirne, sondern konnte sich in der Gesellschaft sehen lassen, beherrschte den guten Ton und hatte ein bescheidenes und doch imponierendes Auftreten. [...]

Wir stiegen im „Roten Ochsen" ab; Frau Gräfin Blasin, die sich in eine Modistin verwandelt hatte, wohnte in dem einen Zimmer und ich in dem anderen, so daß wir getrennt gelten konnten, dabei aber doch in inniger Vertraulichkeit vereint blieben. [...]

Während sie sich ankleidete, ließ ich einen Wagen und einen Lohndiener kommen. Madame Blasin kam nach einer Stunde wieder und sagte mir, der Gesandte habe ihr versichert, sie könne ruhig bleiben und brauche nicht früher abzureisen als bis es ihr passe. Triumphierend fuhr ich mit ihr nach der Messe; da aber das Wetter schlecht war, so fuhren wir gleich nachher nach Hause und brachten den ganzen Tag damit zu, vor einem guten Feuer bei gutem Essen und Trinken es uns wohl sein zu lassen.

Um acht Uhr abends kam der Wirt und sagte sehr höflich zu ihr, er habe Befehl erhalten, ihr ein Zimmer anzuweisen, das nicht an das meinige anstoße, und er sei gezwungen, zu gehorchen. [...]

Trotz der schikanösesten Polizei, die die bigotteste Tyrannei hat ersinnen können, verbrachten wir in innigster Vertraulichkeit die vier Tage und Nächte, die die reizende Frau sich noch in Wien aufhielt. Als sie abreiste, wollte ich sie zur Annahme von fünfzig Louis bewegen; sie nahm aber nur dreißig, da sie sich ausgerechnet hatte, daß sie bei der Ankunft in Montpellier noch Gold in ihrer Börse haben würde. Wir schieden tiefgerührt voneinander, und sie schrieb mir von Straßburg aus. Bei meiner Durchreise durch Montpellier werden wir sie wiederfinden.

Heute befindet sich in der Florianigasse, die zu den ältesten Gassen der ehemaligen Vorstadt Josefstadt zählt, an der Stelle, an der sich früher der Gasthof „Zum roten Ochsen" befand, ein Mehrparteien-Wohnhaus. In ihrem Verlauf erweitert sie sich immer wieder zu Plätzen, es gibt dort zahlreiche entzückende

Gartenpalais, die 18. Jahrhundert für den Adel erbaut wurden, und eine große Vielfalt von einigen sehr schönen Zinshäusern aus dem 18., 19. und frühen 20. Jahrhundert.

Doch nicht nur Giacomo hielt sich gerne in der österreichischen Hauptstadt auf – sein Bruder, Francesco Casanova (1727–1803), wohnte ab 1783 sogar in Wien und besaß eine Wohnung im Kaisergarten Nr. 51 (heute Wiedner Hauptstraße 63). Später ließ er sich zusätzlich ein Landhaus in Mödling in Niederösterreich erbauen. Nach zwei Ehen hatte auch Francesco einige Affären, starb aber, wie sein Bruder, als einsamer Mann.

Was ist schon ein Kuß? Ist es nicht der glühende Wunsch, einen Teil des Wesens, das man liebt, einzuatmen …

Giacomo Casanova

Romantik-Tipp

Ein Spaziergang in die Gasse, durch die einst Casanova schlenderte, am Arm eine bezaubernde Gräfin, die er wenig später auf einem der Zimmer des Gasthofs im Haus Nr. 29 lange und leidenschaftlich liebte – besonders auf Frauen könnte diese Besichtigung sehr erotisierend wirken. Vielleicht nimmt man sich dann selbst ein Hotelzimmer, auch wenn man in Wien wohnt, und stellt die Geschichte aus dem Jahr 1766 nach, schafft mit zärtlichen Worten und prickelndem Sekt eine knisternde Stimmung, wobei man sich ein wenig verrucht vorkommt, so wie einst im 18. Jahrhundert in Wien unter der strengen Herrschaft Maria Theresias.

Adresse:
Florianigasse 29, 1080 Wien.

Öffnungszeiten:
Privathaus, nur von außen zu besichtigen (im Erdgeschoß befindet sich
eine Glaserei).

Erreichbarkeit mit Öffis:
Straßenbahn Linie 5, Station Laudongasse.

... und weitere Geheimtipps für Verliebte

„Vier-Stein-Gasse"
(Wien 1, Innere Stadt)

Ein besonders interessanter Weg führt von einer sternförmigen
Kreuzung in die malerische Sterngasse – hier finden sich neben
ein paar süßen kleinen Lokalen Zeugnisse der verschiedenen
Vergangenheiten Wiens, abseits der Touristenströme, die täglich
durch die Innenstadt laufen. Am Fuße der Treppe vom oberen zum
unteren Teil der Sterngasse, im legendären *„Bermudadreieck"*
(für Paare nachts nur bedingt empfehlenswert), stehen drei über-
einandergestapelte verwitterte Felsblöcke, bei welchen es sich um
„römische Riesenquader", Reste einer Badeanlage für Legionäre,
handelt. Oberhalb der Treppe ist an der Wand des Wiener-
Neustädter-Hofs (ehemaliger Berghof) in der Sterngasse 3 ein
schwerer Steinbrocken neben dem Portal eingemauert, den die
Türken 1683 von der Leopoldstadt auf das belagerte Wien abge-
feuert haben sollen.

Adresse:
1010 Wien.

Öffnungszeiten:
bei freiem Eintritt ganzjährig rund um die Uhr.

Erreichbarkeit mit Öffis:
Straßenbahn Linie 1, Station Salztorbrücke.

Kurrentgasse
(Wien 1, Innere Stadt)

Die Kurrentgasse, benannt ab 1701 nach den Kurrenten (Einsammler von Abgaben an den Staat) zur Zeit Leopolds I., präsentiert dem Besucher auf schmalen Pfaden aus Kopfsteinpflaster ein reizendes Ensemble barocker Bürgerhäuser mit schönen Fassaden und Stiegenhäusern. Erwähnenswert ist vor allem das *Neuwall'sche Haus* mit der Nr. 3, an dessen prächtigem Portal sich Atlanten auf kannelierten Säulenstümpfen und darüber ein steinerner Balkon mit seitlichen Vasen befinden.

Adresse:
1010 Wien.

Öffnungszeiten:
bei freiem Eintritt ganzjährig rund um die Uhr.

Erreichbarkeit mit Öffis:
U-Bahn Linien 1 und 3, Station Stephansplatz oder Herrengasse.

Franziskanerplatz und Seilerstätte
(Wien 1, Innere Stadt)

Der idyllische *Franziskanerplatz* mit typischem Innenstadt-Flair bekam seinen Namen von der dort befindlichen Renaissancekirche mit hellblauer Fassade und der ältesten bespielbaren Orgel Wiens, die im 17. Jahrhundert gebaut wurde. Auf dem Platz befand sich im 14. Jahrhundert ein Kloster, das lange Zeit als Umerziehungsheim für Prostituierte diente, bevor die Franziskaner dort einzogen.

Wenn man von dort die schmale Weihburggasse entlanggeht, kommt man zur *Seilerstätte*. Dort lebte im Haus mit der Nr. 19 die begnadete Tänzerin Fanny Elßler (1810–1884). Sie und der um 46 Jahre ältere Friedrich von Gentz, Sekretär von Fürst Metternich, waren einander in tiefer, aufrichtiger Liebe zugetan und setzten sich über alle Vorurteile hinweg, die ihnen von ihren Mitmenschen entgegengebracht wurden.

Adresse:
1010 Wien.

Öffnungszeiten:
bei freiem Eintritt ganzjährig rund um die Uhr (Kirche täglich von 9:00 bis 12:00 Uhr und von 14:30 bis 16:30 Uhr).

Erreichbarkeit mit Öffis:
Straßenbahn Linie 2, Station Weihburggasse.

Zeinlhofergasse
(Wien 5, Margareten)

„Die schönste Wohnstraße der Stadt", heißt es seitens der Bewohner der Zeinlhofergasse, die, mit ihren britisch wirkenden Häuserfronten und den gepflegten Vorgärtchen, in welchen unter blühenden Rosensträuchern verschnörkelte Bänkchen auf dem irisch-grünen Rasen stehen und saftige Grünpflanzen in Terrakottatöpfen die kunstvoll verzierten Balkone schmücken, aussieht wie die Kulisse eines romantischen Rosamunde-Pilcher-Films. Da die Gasse als Durchbruch von der Grüngasse zur Schönbrunner Straße konzipiert, jedoch nicht vollständig ausgebaut wurde, hinterlässt sie einen idyllischen hofartigen Eindruck – ein verstecktes Romantik-Kleinod mitten in der großen Stadt.

Adresse:
1050 Wien.

Öffnungszeiten:
bei freiem Eintritt ganzjährig rund um die Uhr.

Erreichbarkeit mit Öffis:
U–Bahn Linie 4, Station Pilgramgasse oder Kettenbrückengasse.

Wienzeilenhäuser
(Wien 6, Mariahilf)

Im Bereich des Naschmarkts befinden sich auf der Linken Wienzeile zwei Wohnhäuser, die in den Jahren 1898 bis 1899 von Österreichs bedeutendstem Architekten, *Otto Wagner* (1841–1918) im Wiener Jugendstil errichtet wurden.

Das Haus mit der Nr. 38 ist bekannt für seine spektakuläre „Ecklösung" in Form eines Viertelkreises und den goldenen Ornamenten an der Fassade. Im Erdgeschoß befindet sich eine Bankfiliale.

Auf der Nr. 40 befindet sich das sogenannte *Majolikahaus* – die Bezeichnung hat das Gebäude von den gleichnamigen glasierten Fliesen mit floralen Motiven an der Außenfassade erhalten. Über die gesamte Breite des Hauses erstrecken sich zusätzlich Blumenornamente. Im Erdgeschoß befinden sich einige Geschäfte.

In den Stiegenhäusern beider Gebäude sind die aufwendig gestalteten und mit Jugendstilornamenten verzierten Liftanlagen sehenswert.

Adresse:
Linke Wienzeile 38 und 40, 1060 Wien.

Öffnungszeiten:
bei freiem Eintritt ganzjährig rund um die Uhr von außen bzw. nur im Erdgeschoß zu besichtigen.

Erreichbarkeit mit Öffis:
U–Bahn Linie 4, Station Kettenbrückengasse.

Jodok-Fink-Platz
(Wien 8, Josefstadt)

Einerseits gemütliche Siesta-Atmosphäre in den lauschigen Gast- und Schanigärten, in welchen die Uhren etwas langsamer zu ticken scheinen, andererseits inspirierende Energien und fast andächtige Stimmung – so präsentiert sich das wunderschöne Areal hinter dem *Theater an der Josefstadt*. Mittelpunkt des Platzes mit den hübschen detailreichen Gebäuden im Hintergrund, der nach dem österreichischen Politiker und Landwirt Jodok Fink (1853–1929) benannt wurde, ist die imposante *Barockkirche Maria Treu*.

Adresse:
1080 Wien.

Öffnungszeiten:
bei freiem Eintritt ganzjährig rund um die Uhr. Die Schanigärten öffnen
üblicherweise gegen 8:00 Uhr ihre Pforten und schließen spätestens um 23:00 Uhr.

Erreichbarkeit mit Öffis:
Straßenbahn Linie 2, Station Lederergasse/Josefstädterstraße.

Yppenplatz
(Wien 16/17, Ottakring und Hernals)

Bei dem Viertel rund um den Yppenplatz, benannt nach dem österreichisch-niederländischen Feldherrn und Wohltäter Simon Freiherr van Yppen (1698–1770), handelt es sich um eines der buntesten und belebtesten Grätzl der Stadt, in dem sich viele Künstler niedergelassen haben. Innerhalb des seit 1897 existierenden Markts, auf dem es, anders als am Brunnenmarkt, fixe Pavillons als Verkaufslokale gibt, entwickelte sich schon bald eine kulturübergreifende Kreativ-Szene mit einem Treffpunkt für Menschen aus aller Welt – vor allem im Sommer, wenn auf der „Piazza" die Gastgärten als Verbindungsglieder zwischen den Lokalen fungieren. Es herrscht eine kreativ-lebhafte Atmosphäre, in der man zu zweit das exotische Flair der bunten Szene genießen kann.

Adresse:
1160 Wien.

Öffnungszeiten:
ganzjährig, Montag bis Freitag von 6:00 bis 18:30 Uhr, Samstag von
6:00 bis 14:00 Uhr. Am ersten Samstag im Monat bis 18:00 Uhr.

Erreichbarkeit mit Öffis:
Straßenbahn Linie 44, Station Yppengasse.

Stammersdorfer Kellergasse
(Wien 21, Floridsdorf)

Seit 1784 ist es, dank Kaiser Joseph II. erlaubt, selbst herge-
stellte, kalt genießbare Lebensmittel und Getränke, wie Speck,
Würstel oder Schmalz sowie Most, Wein oder Schnaps ohne
Gastgewerbekonzession zu servieren und zu verkaufen. Aufgrund
immer höherer Ansprüche an den Gaumen haben mittlerweile die
meisten Heurigen in Wien allerdings auf noblen Restaurantbetrieb
umgesattelt und bieten ihren Gästen von der veganen Lasagne bis
hin zum bunten Schirmchen-Cocktail alles, was das Herz begehrt. Nicht so in der *Kellergasse* in Stammersdorf – dort sind
die Heurigen größtenteils noch urige *Buschenschenken* mit
teilweise kuriosen Namen wie *Dornröschenkeller* (Nr. 12),
100 Eimer (Nr. 64) oder *Tom's Torkelkeller* (Nr. 117).

Besonders romantisch ist der Besuch der kopfsteingepflaster-
ten Stammersdorfer Kellergasse abseits der Heurigenlokale am
frühen Abend an einem Wintertag, wenn die nackten Äste der
Bäume in das Blassblau des dämmrigen Himmels ragen, der Weg
ausgestorben vor einem liegt und nicht einmal Traktorentuckern
die Stille durchdringt.

Adresse:
1210 Wien.

Öffnungszeiten:
bei freiem Eintritt ganzjährig rund um die Uhr. Die meisten der
Heurigen öffnen gegen 15:00 Uhr und schließen ihre Gewölbe spätestens um Mitternacht.

Erreichbarkeit mit Öffis:
Autobus Linie 228, Station Stammersdorfer Kellergasse.

Unterhaltsame Momente und schaurig-schöne Erlebnisse

Warum fragen, ob die Liebe ewig währt?
Besser den gemeinsamen Moment
einzigartig werden lassen,
der dadurch Ewigkeit erfährt.
GABRIELE HASMANN,
ÖSTERR. SCHRIFTSTELLERIN, *1968

Gemeinsam Erlebnisse schweißen zusammen und heben die Flirtlaune, wobei ausgelassen sein und Spaß haben genauso prickelnd ist, wie Arm in Arm melancholische Augenblicke zu verbringen oder an schaurigen Orten Gänsehaut zu bekommen – denn der Tod macht in Wien auch vor der Romantik nicht halt. Gemeinsam lachen oder gruseln sorgt jedenfalls für viele Kuschelmomente.

Und die Erinnerungen an die kleinen Abenteuer, die man zusammen erlebt, verbinden zwei Menschen bis an ihr Lebensende, sie sorgen außerdem dafür, dass keine Langeweile aufkommt und neben den Alltagsthemen nie der Gesprächsstoff ausgeht.

Unbedingt sehenswert – Spaß und Spannung

Der Prater als historischer Stadtwald und beliebter Vergnügungspark
(Wien 2, Leopoldstadt)

Der etwa 600 Hektar große Prater ist eine in den Wiener Donauauen gelegene öffentliche Parkanlage, dessen Name erstmalig Ende des 12. Jahrhunderts auftauchte. Damals schenkte der Babenberger Herzog Friedrich I. von Österreich einen Teil der Aulandschaft einem adligen Geschlecht namens „de Prato" (italienisch für „Flussaue"), dessen Familienmitglieder sich später „Prater" nannten.

Ab dem Jahr 1564 wollte Kaiser Maximilian II. den Prater zur Jagd nutzen und umschloss das gesamte Areal mit Zäunen, wodurch der kaiserliche Forst entstand. Die heutige Praterstraße war damals die sogenannte Jägerzeile, auf der Maximilian 1569 für seine Jäger mehrere Häuschen „in einer Zeil" bauen ließ. Kaiser Rudolf II. entfernte 1592 die Einfriedung zwar zum größten Teil wieder, verlautbarte aber zugleich: *„Niemand soll in unserer Au, dem Prater, zur Sommer- oder Winterzeit gehen, fahren, reiten, hetzen, jagen oder fischen, ohne Willen des kaiserlichen Forstknechtes Hanns Bengel."* Und besagter Bengel nahm seinen Job wirklich ernst, er vertrieb sogar harmlose Naturfreunde, die ohne ausdrückliche Erlaubnis im Prater lustwandelten.

Unter Kaiser Karl VI. wurde das Verbot zu Beginn des 18. Jahrhunderts ein wenig gelockert, ab diesem Zeitpunkt durften zumindest Adelige Ausflüge in die Natur des Praters unternehmen – allerdings war es ihnen nur erlaubt, mit ihren Kutschen durchzurollen, das Aussteigen aus dem Gefährt wurde ihnen strengstens untersagt. Der zu dieser Zeit mit der Aufsicht betreute Forstmeister Johann Franz Bernrieder, ein höflicher, zuvorkommender Mann, musste einmal das kleine Hündchen der Erzherzogin und späteren Kaiserin Maria Theresia einfangen, als dieses aus der Kutsche gesprungen war. Er reichte das Tier in den Wagen hinauf und meinte: *„Euer Gnaden sollten halt künftig vorsichtiger sein!"* Maria Theresia war über diese Szene derart belustigt, dass sie über viele Jahre im vertrauten Kreis bei einem Scherz diese Worte verwendete.

Als Mitte des 18. Jahrhunderts ein Großteil des Kaiserlichen Jagdparks von Kaiser Joseph II. dem allgemeinen Volk „zur Belustigung" übergeben wurde, stand in der Verlautbarung, dass *die allzu abgelegenen Orte und dicke Waldung, wegen sonst etwa zu besorgenden Unfugs und Mißbrauch* von der Schenkung ausgenommen waren, außerdem wurde verfügt, *daß niemanden bey solcher zu mehrerer Ergötzlichkeit des Publici allergnädigst verstattenden Freyheit sich gelusten lassen werde, eine Unfüglichkeit, oder sonstig unerlaubte Ausschweifungen zu unternehmen, und damit zu einem allerhöchsten Mißfallen Anlaß zu geben.* Am Tag der feierlichen Öffnung des Parks, am 7. April 1766, sind jedoch sogleich 102 Pärchen beim Schmusen und mehr erwischt und daraufhin festgenommen worden.

Die Ausflügler durften gemäß der neuen Regelung bis Sonnenuntergang, das aber nur im Sommer, durch den Prater spazieren, danach wurde ein Eisengitter um die Grünanlage gezogen. Die spätabendliche Schließung des Parks wurde den Flanierenden durch drei Böllerschüsse angekündigt. Im Jahr 1775 wurde das Gitter demontiert, Joseph II. erlaubte damit den Zugang zum Prater zu jeder Jahres-, Tages- und Nachtzeit.

Touristen bezeichnen als „Prater" meist das vergleichsweise kleine Areal des Vergnügungsparks, auch *„Wurstelprater"* genannt, an der westlichen Spitze des Naturschutzgebietes, der seine Entstehung angeblich einem schlauen Schankburschen verdankt: Zu Beginn des 17. Jahrhunderts befand sich in der Wollzeile im Haus mit der Nummer 778 (heute Nr. 17) die *Stadt-Tafferne*, also die erste Weinschenke am Platze. Dort arbeitete der 20-jährige Michael Ainöther, ein netter, junger Mann, der nur etwa

1,25 Meter maß, krumme Beine und einen Buckel hatte. Michael erfreute sich bei den Gästen großer Beliebtheit, da er seinen Dienst mit viel Freude und Aufmerksamkeit versah. Eines Tages kam dem Taffern-Micherl, wie der Bursche genannt wurde, eine Idee, die er mit den Gästen der Tafferne teilte. Er äußerte den Wunsch, auf dem Platz am Ende der Jägerzeile ein Wirtshaus zu errichten. Einige der angesehensten Bürger Wiens, die sich oft in besagter Weinschenke aufhielten, beschlossen, dem jungen Burschen Geld zu leihen, damit er seinen Plan in die Tat umsetzen konnte. Durch rege Fürsprache der reichen Herren erhielt Michael vom Magistrat die Bewilligung und eröffnete das erste Wirtshaus im Prater, eine einfache Holzhütte, am 1. Mai 1603. Über dem Eingang prangten folgende Verse:

Gott behuet dies Haus so lang, Bis ein Schneck die Welt um-gang, Und ein Ameis dürst so sehr, Daß´s austrinkt´s ganze Meer.

Bereits im Sommer desselben Jahres musste Michael das Lokal vergrößern, es wurde sogar eine Kegelbahn darin errichtet und eine Bühne, auf der arbeitslose Schauspieler Stücke mit Marionetten aufführten. Im Jahr 1608 wich die Holzhütte einem schönen, steinernen Haus, in dem man nach wie vor Bier, Wein, Cervelatwürste und Käse, aber auch feinere Speisen für die wohlhabenden Bürgerfamilien servierte. Der ehemalige Schankbursche wurde reich, heiratete und führte den Betrieb bis zu seinem Tod im Jahr 1651. Das Praterwirtshaus fiel in andere Hände, und daneben eröffneten schon bald diverse Unternehmer weitere Imbissstände und Buden mit Schaukeln, Karussellen, Schießbuden, Puppentheatern und anderen Belustigungen.

Der Taffern-Micherl hat also den Wurstelprater entstehen lassen, seinen Namen verdankt der Vergnügungspark allerdings dem *Hanswurst*, einer Figur des Alt-Wiener Volkstheaters, die der Schauspieler, Puppenspieler und Theaterleiter Josef Anton Stranitzky (1676–1726) schuf. Sie wurde jedoch in der Zeit der Aufklärung, Ende des 18. Jahrhunderts, von den Brettern, die die Welt bedeuten, aus der Inneren Stadt vertrieben und fand im Prater ein neues Zuhause.

Ab 1896, kurz nach der ersten öffentlichen Aufführung von den „Lebenden Bildern", entwickelte sich im Prater eine rege Kinoszene. Schon bald gab es fünf Schaubuden, vor denen Ausrufer standen, welche die Laufkundschaft in die Vorführungen lockten.

1897 wurde zur Feier des 50. Thronjubiläums von Kaiser Franz Joseph I. das Riesenrad, mit 30 Gondeln und einem Gesamtdurchmesser von fast 61 Metern, damals das größte der Welt, heute neben dem Stephansdom das bekannteste Wahrzeichen Wiens, in Gang gesetzt. 1898 entstand im Prater die *erste Märchen-Grottenbahn Europas*, und 1933 öffnete auf Parzelle 96 die erste Geisterbahn auf Erden ihre Pforten. Die Menschen strömten in Massen zu den Attraktionen, um diese zu bewundern, damit die eine oder andere Runde zu drehen, konnten sich jedoch nur betuchte Gäste leisten – eine Fahrt mit dem Riesenrad kostete beispielsweise stolze acht Gulden (Mittelklasseverdiener hatten damals etwa 30 Gulden im Monat zur Verfügung).

Ende des 19. und Anfang des 20. Jahrhunderts traten im Prater auch häufig Berühmtheiten wie die Dirigenten Strauss, Lanner und Zierer, die Sopranistin Maria Jeritza oder der Volksschauspieler Hans Moser, der eigentlich Johann Julier hieß, auf.

Doch vor allem der Vergnügungspark kann nicht nur mit einer interessanten Historie aufwarten, er strotzt auch vor skurrilen wie gleichermaßen unheimlichen Geschichten.

Einem Trend aus dem fernen Ausland folgend, wurden ab Mitte des 19. Jahrhunderts Abnormitäten-Shows veranstaltet und den schaulustigen Besuchern „Freaks" wie Haarmenschen, Fettleibige, siamesische Zwillinge und Menschen mit körperlichen Behinderungen, wie beispielsweise der Russe Nikolai Kobelkoff, dem bis auf kurze Stümpfe die Gliedmaßen fehlten, präsentiert.

Um die Szenerie noch bizarrer zu gestalten, eröffnete 1871 der Raubtierbändiger Hermann Präuscher (1839–1896) im Vergnügungspark ein Panoptikum und Menschenmuseum.

„Nur für Erwachsene" hieß es in „Präuschers Panopticum", in dem der Dompteur menschliche Präparate, wie krankhaft veränderte Körperteile und Organe oder abgetrennte Gliedmaßen, präsentierte. Dieses Kuriositätenkabinett, dessen Ausstellung als volksbildnerisch galt, wurde nach Präuschers Tod von seinen Erben weitergeführt, brannte 1945 jedoch vollständig aus. Eine ähnliche Ausstellung gibt es wieder seit 1971 im „*Narrenturm*", einem ehemaligen „Irrenhaus", auf dem Gelände des *Alten AKH* (Allgemeines Krankenhaus, Spitalgasse 2, 1090 Wien).

Ein weiteres Highlight am Gelände des Wurstelpraters war die Liliputstadt. Die erste entstand bereits 1911, weit mehr Bedeutung erlangte allerdings die zweite, die sich von 1934 bis 1937 nahe dem Praterstern, am Beginn der Hauptallee, befand. In der Miniaturwelt gab es natürlich auch Liebesbeziehungen, deren Zurschaustellung jede Menge Aufsehen erregte, wenn die kleinen Leute den Prater verließen – wie dies zum Beispiel bei der Silberhochzeit des Ehepaares Blase der Fall war. Die kleinen Leute feierten in den 1930er-Jahren ihr Jubiläum im Stephansdom, was einen riesigen Menschenauflauf in der Stadt verursachte sowie ein großes Medienereignis darstellte.

Diverse skurrile Gegenstände aus der damaligen Zeit, etwa die Schuhe der Liliputanerprinzessin Gisela, Kleidungsstücke eines Riesen, der Wahrsageautomat „Internationales-Heiraths-Vermittlungs-Bureau" oder Fotos von Venedig im Prater, als Verliebte mit Gondeln durch künstliche Kanäle schaukeln konnten, kann man im Pratermuseum bestaunen.

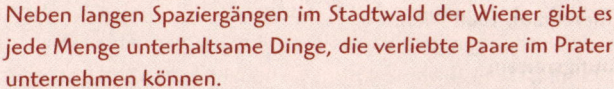

Romantik-Tipp

Neben langen Spaziergängen im Stadtwald der Wiener gibt es jede Menge unterhaltsame Dinge, die verliebte Paare im Prater unternehmen können.

Ganz oben auf der Liste stehen dabei Unternehmungen im Vergnügungspark, beispielsweise nostalgische Fahrten mit einer der alten Geisterbahnen – fürchten wird man sich dabei zwar nicht, aber so tun als ob und dabei aneinander kuscheln geht trotzdem. Danach könnte man den Partner mit einem Gutschein für ein *Candle-Light-Dinner im Riesenrad* überraschen – sich hoch über den Dächern von Wien bei Kerzenschein der gegenseitigen Liebe versichern, bleibt ein unvergessliches Erlebnis.

Die Nummer der Gondel kann dabei zur individuellen Glückszahl erkoren werden. Übrigens saßen im Wagen mit der Nr. 10 in den 1980ern James Bond (Timothy Dalton) und Kara (Maryam d'Abo), und zwar im Verlauf der Dreharbeiten zum Film „Der Hauch des Todes".

Darüber hinaus werden im Prater, in den Lokalen des Vergnügungsparks, regelmäßig spannende Events veranstaltet, bei welchen Zauberer, Jongleure und Wahrsager auftreten. Ein Blick in die Glaskugel verrät dabei so einiges über die Zukunft, die man zusammen verbringen möchte.

Und nach wie vor gehört auch die rund 4.500 Meter lange Hauptallee zu den größten Attraktionen des Praters. Sie wurde 1538 unter Ferdinand II. als „Langer Gang" angelegt, und unter Joseph II. erweitert. Heute führt die Prachtstraße vom Praterstern bis zum Lusthaus und gilt als größte vier- bis sechsreihige, weiß blühende *Kastanienallee* Wiens, weshalb sich ein Bummel für Romantiker vor allem im Frühling empfiehlt.

Adressen:
Prater: 1020 Wien.
Pratermuseum: Oswald-Thomas-Platz 1 (im Planetarium beim Riesenrad), 1020 Wien.

Öffnungszeiten:
Prater: bei freiem Eintritt tagsüber ganzjährig rund um die Uhr. Die Attraktionen sind je nach Wetterlage von 10:00 bis 1:00 Uhr in Betrieb und einzeln zu bezahlen. (www.wienerriesenrad.com)
Pratermuseum: Freitag bis Sonntag von 10:00 bis 13:00 Uhr und 14:00 bis 18:00 Uhr.

Erreichbarkeit mit Öffis:
U-Bahn Linien 1 und 2, oder Straßenbahn Linien O und 5, Station Praterstern.

Lord und Lady auf der Trabrennbahn

(Wien 2, Leopoldstadt)

Nachdem in Wien das Einspänner-, Zweispänner- und Fiakerfahren in der Prater-Hauptallee überaus populär geworden war, wurde im April 1874 im Hotel Tauber auf der Praterstraße der „Wiener Trabrenn-Verein" mit seinem ersten Präsidenten Graf Kálmán Hunyady gegründet. Dabei beschloss man auch den Bau einer eigenen Anlage, und so wurde am 29. September 1878 die Trabrennbahn in der Krieau eröffnet.

Der Name dieses Areals leitet sich von „Kriegsau" ab, da es um dessen Besitz ab Mitte des 16. Jahrhunderts fast sieben Jahrzehnte lang Streit zwischen der Stadt Wien und dem Stift Klosterneuburg gab, bis die Krieau 1618 Wien zugesprochen wurde. Es handelte sich zu dieser Zeit um eine häufig überschwemmte Au und fast unbewohnte Insel der unregulierten Donau, auf der Treibjagden stattfanden.

Die Begeisterung der Wiener über die neue Trabrennbahn hielt sich in Grenzen, und auch der Ablauf der Veranstaltungen damals soll ziemlich langweilig gewesen sein. Doch mit der Einführung eines Totalisators (Toto = Sportwette), 1881, und dem Bau einer Tribüne für das Publikum stieg das Interesse an den Pferderennen sprunghaft an – das erste erfolgreiche Derby fand daher vor einer jubelnden Menge im Jahr 1884 statt. Das hatte zur Folge, dass sich auch die Internationalität der Rennen vermehrte. Ein neues Tribünen-Areal, ähnlich dem heutigen, entstand von 1912 bis 1914 – dieses galt damals als das weitaus schönste in Europa.

Nach dem Ende des Ersten Weltkriegs zerfiel mit dem Kaiserreich auch die Vorherrschaft Österreich-Ungarns im europäischen Trabrennsport, neuer Partner des Vereins war nun die Gemeinde Wien und nicht mehr der Kaiser. Eine weitere einschneidende Veränderung stellte die Einführung des neuen Wettsteuer-Gesetzes dar. Doch trotz aller Probleme, zu denen sich auch noch die Errichtung zahlreicher Stadtbüros von Buchmachern gesellte, blühte der Sport mit der Zeit wieder förmlich auf.

Am 20. Mai 1917 verkündete die Zeitschrift „Wiener Caricaturen":

Das Traberderby in der Krieau ist direkt unter beängstigendem Zudrang des Publikums gelaufen worden, in einer Zeit, wo England, das klassische Land des Pferdesports, seine Rennen absagt. Es war ein Volksfest, das sich da abspielte, und kein Mißton störte die großartige Veranstaltung.

1930 wurde die erste Flutlichtanlage errichtet, sodass am 31. August desselben Jahres der erste Abendrenntag stattfinden konnte, 1931 wurde die Zielfotografie eingeführt.

Im Zweiten Weltkrieg mussten die Rennen im Jahr 1944 vorübergehend komplett eingestellt werden. 1945 verursachten die Bombenangriffe auf Wien auch in der Krieau unerhörten Schaden. Es begannen danach jedoch sofort die Aufräumungsarbeiten, und am 11. November 1945 wurde vor 13.000 Besuchern das erste Rennen nach dem Krieg veranstaltet!

Es kam wieder Geld in die Kassen, 1960 erfolgte daher ein großer Umbau. Doch dann begann der Verein die wirtschaftliche Belastung erneut zu spüren, auch die Interessensverlagerung der Menschen beim Spielen, ab 1986 etwa existierte beispielsweise auch Lotto, wirkte sich auf die Bilanzen aus. Doch das Minus beim Rennsport konnte mit der Zeit durch große Erfolge bei der Zucht ausgeglichen werden, wozu auch die Möglichkeit der „Gefrier-Besamung" beitrug (die solcherart gezeugten Fohlen kamen erstmals 1992 zur Welt).

Heute steht das Unternehmen auf soliden Beinen und bietet den Besuchern der modernen Trabrennbahn in der Krieau, die alle Rennen vor Ort live auf 170 Monitoren überträgt, eine gute Show und spannende Wetten.

Romantik-Tipp

Bei den Pferderennen im englischen Ascot geht es neben den trabenden Vierbeinern und Wetten bei den Frauen in erster Linie um Hüte – je überdimensionaler und kurioser die Kopfbedeckung, desto mehr Beachtung ist der Trägerin gewiss. Auch zur Zeit der ersten umjubelten Veranstaltungen in der Krieau, kurz nach Eröffnung der Trabrennbahn, waren besonders ausgefallene und vor allem wagenradgroße Prachthüte modern, die mit drapierten Stoffen, riesigen Blüten oder Federn von exotischen Vögeln geschmückt wurden – vor allem voluminöse, reich dekorierte Einzelstücke symbolisierten dabei den Wohlstand der Besitzerin. Dazu gehörten außerdem auch noch spitzenbesetzte Kleider und Stoffschirmchen.

Besonders romantisch ist es daher, sich als Hommage an die alte Zeit so zu kleiden, wie die Herrschaften von damals, die sich Ende des 19. Jahrhunderts ein bisschen nobles England in die Krieau holten. Darüber hinaus können Verliebte ihr persönliches Glückspferd erwählen und auf Sieg wetten – wenn dieses Tier tatsächlich als erstes durchs Ziel läuft, ist vielleicht auch der Partner der ganz große Gewinn.

Adresse:
Nordportalstraße 247, 1020 Wien.

Öffnungszeiten:
bei Veranstaltungen (siehe www.krieau.at).

Erreichbarkeit mit Öffis:
U-Bahn Linie 2, Station Krieau, oder Autobus Linie 77A, Station Ernst-Happel-Stadion.

... und weitere Vorschläge für Spaß und Spannung

Wiener Eistraum
(Wien 1, Innere Stadt)

Ja, er mag ein wenig kitschig sein, trotzdem kann man dem Wiener Eistraum vor dem Rathaus einen gewissen Romantikfaktor nicht absprechen – besonders abends und nachts, wenn das Laternenlicht die Szenerie beleuchtet und man Hand in Hand mit kleinen weißen Atemwölkchen vor den Gesichtern auf der Eisbahn durch den Rathauspark gleitet. Vor allem an Wochentagen, wenn weniger los ist, kann es sehr schön sein, in dem künstlichen Wintermärchen seine Runden zu drehen – dick eingepackt in warme Jacken. Danach geht man noch zusammen gemütlich einen Glühwein oder Punsch trinken.

Adresse:
Rathausplatz 1, 1010 Wien.

Öffnungszeiten:
Jänner bis März, täglich von 9:00 bis 22:00 Uhr.

Erreichbarkeit mit Öffis:
Straßenbahn Linien 1, 71 und D, Station Rathausplatz.

Urania Sternwarte & Planetarium
(Wien 1, Innere Stadt, und Wien 2, Leopoldstadt)

Bei der Sternwarte am Dach des neobarocken Gebäudes der Wiener Urania handelt es sich um Österreichs älteste und zugleich modernste *Volkssternwarte*. Hier können Verliebte im dort befindlichen Café-Restaurant abends zuerst auf das im Mondschein glitzernde Wasser des Donaukanals und danach gemeinsam mittels Fernrohr in die Sterne schauen. Romantiker suchen sich bei ihrer Reise durchs Universum einen Himmelskörper aus, notieren die Koordinaten und bestimmen ihn zu ihrem Partnerstern.

Etwas weniger verträumt, dafür weit moderner und bes-

ser ausgestattet, ist das Planetarium im Prater – die Himmels-
beobachtung plant man am besten nach einem Bummel durch den
Vergnügungspark ein.

Adressen:
Sternwarte Urania: Uraniastraße 1, 1010 Wien.
Planetarium: Oswald-Thomas-Platz 1 (beim Riesenrad), 1020 Wien.

Öffnungszeiten:
Café-Restaurant Urania: ganzjährig Montag bis Samstag von 9:00 bis
2:00 Uhr und Sonntag von 9:00 bis 24:00 Uhr.
Sternwarte Urania: angepasst an Veranstaltungsprogramm, telefonisch
unter 01/89 174 150 000 zu erfragen.
Planetarium: ganzjährig, Dienstag und Donnerstag von 8:30 bis
12:00 Uhr und 13:00 bis 14:30 Uhr, Mittwoch von 8:30 bis
12:00 Uhr und 18:00 bis 20:00 Uhr, Freitag von 13:45 bis
20:00 Uhr, Samstag und Sonntag von 14:15 bis 19:00 Uhr.

Erreichbarkeit mit Öffis:
Sternwarte Urania: Straßenbahn Linie 1, Station Julius Raab Platz.
Planetarium: U-Bahn Linien 1 und 2, oder Straßenbahn Linien O
und 5, Station Praterstern.

Condomi
(Wien 6, Mariahilf)

Im Gewölbekeller des Erotikfachgeschäfts „Liebenswert" befindet sich Wiens größte Sammlung von Kondomen – im Verlauf
dieser kuriosen Reise auf den Spuren der schönsten Nebensache
der Welt wird auf ca. 100 Quadratmetern Fläche die erstaunliche
Geschichte des bekanntesten Verhütungsmittels aller Zeiten anhand von Hunderten Ausstellungsstücken erzählt.

Folgend eine kleine Reise in die Vergangenheit: Seinen Namen
hat das Kondom, das anfänglich aus gewebtem Stoff gefertigt und
daher nur wenig wirksam war, vermutlich vom lateinischen Wort
„condon", was so viel wie „Behältnis" bedeutet. Die Geschichte
vom Londoner Arzt Dr. Condom am Hof von Charles II., der seiner Majestät aus gesundheitlichen Gründen die Anwendung des

Verhütungsmittels empfahl, konnte nie verifiziert werden und ist vermutlich nur gut erfunden. Tatsache ist jedoch, dass das Präservativ im 17. Jahrhundert nicht mehr aus Stoff, sondern aus Hammeldärmen gefertigt wurde und zur Empfängnis- und Infektionsverhütung diente. Bereits Casanova verwendete die praktischen „English Overcoats", wie man das Verhütungsmittel im 18. Jahrhundert noch vornehm genannt hat, um sich vor der gefürchteten Syphilis zu schützen.

Weiter gibt es im Condomi einige kuriose Erfindungen und lustige Darstellungen rund um das Kondom – für den lockeren Umgang mit dem Thema und das gemeinsame Lachen über die vielen verrückten Ideen.

Adresse:
Esterhazygasse 26, 1060 Wien.

Öffnungszeiten:
ganzjährig, Montag bis Freitag von 11:00 bis 19:00 Uhr und Samstag von 11:00 bis 18:00 Uhr.

Erreichbarkeit mit Öffis:
U-Bahn Linie 3, Station Neubaugasse.

Amalienbad
(Wien 10, Favoriten)

In einem Schwimmbad romantische Stimmung aufkommen zu lassen, ist möglich, nämlich dann, wenn im Sommer ein heftiges Gewitter tobt und dicke Regentropfen vom Himmel prasseln, oder an einem nasskalten Wintertag, während draußen der Wind patzige Schneeflocken durch die Luft schleudert – allerdings nur dann, wenn nicht zu viele Menschen auf dieselbe Idee gekommen sind.

Neben den zahlreichen Indoor-Bädern und Thermen Wiens zählt das 1926 gegründete Amalienbad, nicht zuletzt aufgrund der kunstvollen Ausstattung, zu den schönsten Schwimmhallen der Stadt – für gemütliche und erholsame Stunden zu zweit.

Adresse:
Reumannplatz 23, 1100 Wien.

Öffnungszeiten:
ganzjährig Dienstag von 9:00 bis 18:00 Uhr, Mittwoch von 9:00 bis
21:00 Uhr, Donnerstag von 7:00 bis 21:30 Uhr, Freitag von 9:00 bis
21:30 Uhr, Samstag von 7:00 bis 20:00 Uhr und Sonntag von 7:00
bis 18:00 Uhr.

Erreichbarkeit mit Öffis:
U–Bahn Linie 1, Station Reumannplatz.

Breitenseer Lichtspiele
(Wien 14, Penzing)

Neben bekannten Institutionen wie beispielsweise dem *Schikaneder*
(Wien 4, Wieden) oder dem *Apollo* (Wien 6, Mariahilf), zählen
die *Breitenseer Lichtspiele* zu den legendärsten Kinos von Wien.
Mit der Gründung im Jahr 1905 durch die Familie Guggenberger
handelt es sich dabei um den ältesten Kinobetrieb der Welt. Seine
Leinwand befand sich ursprünglich in einem Zelt, doch bereits
im Jahr 1909 siedelte die Einrichtung in das Gebäude um, in dem
sie sich noch heute befindet. Anfang 1930 wurden das letzte Mal
Stummfilme gezeigt, unter anderem „Eine schamlose Frau" mit
Greta Garbo, Mitte desselben Jahres erfolgt die Installation einer
Tonanlage. 1957 hat man eine Warmluftanlage mit Gasfeuerung
eingebaut. Nach und nach wurde das Lichtspielhaus immer wieder modernisiert und stellt heute eines der romantischsten Kinos
der Stadt dar – was mit Sicherheit auch daran liegt, dass teilweise
nette „alte Schinken" gezeigt werden und keine Vorstellung je aus-
fällt, selbst wenn nur ein einziges Liebespaar im Saal sitzt. Häufig
ist der Altersdurchschnitt der Zuschauer etwas weiter oben angesiedelt, was jedoch der verträumten Stimmung keinen Abbruch
tut.

In Wien gibt es darüber hinaus auch jedes Jahr sehr romantische
„*Sommerkinos unter Sternen*", einerseits am Karlsplatz (Wien 1,
Innere Stadt) und andererseits am Dach der Hauptbibliothek am
Urban-Loritz-Platz (Wien 7, Neubau).

Adresse:
Breitenseer Straße 21, 1140 Wien.

Öffnungszeiten:
ganzjährig täglich ab 16:00 Uhr.

Erreichbarkeit mit Öffis:
Straßenbahn Linie 10, Station Laurentiusplatz.

Donauinsel
(Wien 21/22, Floridsdorf und Donaustadt)

Zwischen 1972 und 1988 in erster Linie als Hochwasserschutz errichtet, stellt die 21,1 Kilometer lange und bis zu 250 Meter breite künstliche Insel zwischen Donau und Neuer Donau heute ein Naturschutzgebiet, Naherholungsgebiet und im Juni außerdem den Veranstaltungsort des Donauinselfests dar. Sie liegt mit insgesamt 42 Kilometern Strand in Floridsdorf und Donaustadt und bietet ihren Besuchern Möglichkeiten zum Baden, Grillen, Skaten, Raften und vieles mehr. Verliebte flanieren an ihren Ufern entlang, setzen sich danach in eine der schicken Cocktailbars, beobachten den Sonnenuntergang über dem glitzernden Wasser und schlürfen zusammen einen Tequila Sunrise.

Adresse:
Insel zwischen Donau und Neuer Donau, 1210/1220 Wien.

Öffnungszeiten:
bei freiem Eintritt ganzjährig rund um die Uhr.

Erreichbarkeit mit Öffis:
U–Bahn Linie 1, Station Donauinsel, Linie 2, Station Donaustadtbrücke, und Linie 6, Station Neue Donau.

Schokomuseum
(Wien 23, Liesing)

Eine Führung durch die Welt der Schokolade mit dem Partner an der Seite – Herz, was willst du mehr? Besser lässt sich Zeit zu zweit kaum verbringen. Das Schokomuseum der Firma Heindl liegt zwar relativ weit außerhalb des Zentrums, doch die weite Anreise lohnt sich allemal. Als Entschädigung erhält man eine süße Köstlichkeit zur Begrüßung.

Zur Einstimmung eine Vorgeschichte: Ursprünglich im Amazonasgebiet beheimatet, gelangte der Kakaobaum etwa 1500 v. Chr. nach Mittelamerika, wo er von dem dort angesiedelten Kulturvolk der Olmeken genutzt und später auch kultiviert wurde. Das Wort „cacao" existierte dort bereits um 1000 v. Chr. Etwa 500 v. Chr. wurde Kakao von den Maya im nördlichen Tiefland des heutigen Guatemalas auf riesigen Plantagen angepflanzt, wie erhalten gebliebene Wandzeichnungen und Schriften belegen. Sie bereiteten das Getränk, „Cacahuatl" (Kakaowasser) genannt, warm in unterschiedlichen Variationen zu: scharf mit Chili oder Pfeffer, süß mit Honig und Vanille. Später tranken auch Azteken Kakao, von dem Herrscher Moctezuma II. (um 1465 bis 1520) wird behauptet, er habe täglich etwa fünfzig Tassen eines Kakao-Vanille-Cocktails zu sich genommen. Das Getränk war zu dieser Zeit vermutlich der herrschenden Oberschicht vorbehalten, wurde aber auch bei staatlichen Empfängen, rituellen Handlungen, Verlobungs- und Hochzeitsfeiern sowie Opfern vor ihrer Hinrichtung gereicht. Darüber hinaus wurden Kakaobohnen als Zahlungsmittel benutzt.

Der erste Europäer, der die Köstlichkeit probiert hat, dürfte der Spanier Hernán Cortés gewesen sein, der den Kakao nach Eroberung des Aztekenreichs im Jahr 1528 nach Europa brachte. 1544 wurde das Getränk erstmals am spanischen Hof serviert. Im 17. Jahrhundert gelangte der Kakao an die Königshöfe von Paris und London wie auch an den Kaiserhof nach Wien, wo er zum Statussymbol der herrschenden Schicht wurde. Kurz darauf stellte man bereits „feste Schokolade" her, die sich bis heute großer Beliebtheit erfreut und mittlerweile längst für alle Menschen leistbar ist.

Weitere Tipps für Naschkatzen: die *Manner-Shops* am

Stephansplatz 7 (Wien 1, Innere Stadt), in der Mariahilfer Straße 99 (Wien 6, Mariahilf) und am Wiener Hauptbahnhof (Wien 10, Favoriten) sowie der Schwedenbomben-Shop der Firma Niemetz, Rennweg 52 (Wien 3, Landstraße).

Adresse:
Willendorfergasse 2–8, 1230 Wien.

Öffnungszeiten:
Montag bis Samstag von 9:00 bis 16:00 Uhr und Sonntag (Oktober bis März) von 10:00 bis 16:00 Uhr.

Erreichbarkeit mit Öffis:
Autobus Linie 66A, Station Willendorfergasse.

Rodelhügel
(Wien, verschiedene Bezirke)

Nicht nur Kindern macht das Schlittenfahren Spaß – für Verliebte ist es eine gute Möglichkeit, dem anderen ganz nahe zu sein.

Es gibt in Wien zahlreiche Möglichkeiten, auch nachts bei Flutlicht einen Hügel hinunterzusausen, was natürlich besonders romantisch ist, wenn sich das Licht der Sterne in den Schneekristallen spiegelt und die ganze Umgebung funkelt und glitzert, oder dicke Flocken vom Himmel fallen und im Schein der Lampen tanzen. Wenn man sich auf dem Schlitten eng aneinanderpresst, bis man den Herzschlag des anderen spürt, müsste es sogar gelingen, die Anwesenheit anderer Schlittenfahrer und deren Gejauchze auszublenden. Bis man selbst umkippt, in einem Schneehaufen landet und gemeinsam lauthals darüber lacht.

In Wien kann man, sobald es im Winter ausreichend geschneit hat oder die Schneekanonen angeworfen werden, beispielsweise auf der *Jesuitenwiese* im Prater sowie auf Hügeln im *Stadtpark, Donaupark, Kurpark Oberlaa* oder *Floridsdorfer Wasserpark,* rodeln – meist von 8:00 bis 21:00 Uhr.

Christkindlmärkte
(Wien, verschiedene Bezirke)

Wien in der Adventszeit ist Romantik pur! Besonders idyllisch ist der Christkindlmarkt am *Spittelberg*, der sich in den letzten Jahren auf die verschiedenen Gassen ausgebreitet hat, mittlerweile in jede Ritze des Viertels vorgedrungen ist und jährlich von rund einer halben Million Menschen besucht wird. Es gibt Punschstände, Bratöfen und Keksstände, es duftet nach Rum, Esskastanien, Karamell und Vanille. Und aus jeder Ecke dringen unaufdringlich moderne Weihnachtslieder. Doch nicht nur für das leibliche Wohl ist gesorgt, man kann auch jede Menge originelle Geschenke in den Buden erwerben, in erster Linie Kunsthandwerk, Mode und Schmuck. Anders als die meisten anderen ist der Christkindlmarkt am Spittelberg eher alternativ als kitschig, es gibt mehr schräge Einzelstücke als die übliche Weihnachtsmassenware. Besonders nett ist die Tatsache, dass durch die natürliche Enge der Gassen, trotz des meist vorherrschenden Gedränges, eine wohlige Geborgenheit in stimmungsvoller Atmosphäre vorherrscht. Wer den Advent in Wien zu zweit genießen möchte, sollte einen Besuch auf diesem Markt unbedingt einplanen – süßer Punsch und heiße Küsse inmitten einer großen Menge freudig-besinnlicher Menschen inklusive.

Wiener Adventzauber gibt es außerdem unter anderem am *Rathausplatz, Karlsplatz, Am Hof* und *Stephansplatz*, vor den Schlössern *Schönbrunn* und *Belvedere* sowie im *Alten AKH* und beim *Riesenrad* im Prater.

Generell haben alle Christkindlmärkte von Mitte November bis 23. Dezember täglich von 10:00 bis 21:00 Uhr geöffnet. Der Markt in Schönbrunn ist bis zum 26. Dezember geöffnet und wird dann bis zum 1. Jänner in einen Neujahrsmarkt umfunktioniert.

Fotoautomaten
(Wien, verschiedene Bezirke)

Er kommt in unzähligen Liebesfilmen aus allen Teilen der Welt vor und blitzt bei lustigen Grimassen, die man zu zweit schneidet, ebenso wie bei verliebten Blicken und Küssen: der Fotoautomat. Diese Schnappschusskästen machen wirklich Spaß! Mit der Funktion Multi-Porträt werden unvergessliche Bilder aufgenommen, die aus einer spontanen Laune heraus entstehen. Ein solches Andenken ist dafür bestimmt, es daheim an die Pinnwand zu hängen und einmal den gemeinsamen Kindern zu zeigen, oder als Erinnerung an die Zeit zu zweit in seine Geldbörse zu stecken, falls man sich wieder trennen muss. Darüber hinaus kann man noch die Spaß-Variante wählen, bei der man sein Gesicht auf einen Traumbody setzt oder mit diversen Sprüchen oder Motiven schmückt – vielleicht als Gag-Geschenk zum Ärgern böser Schwiegereltern.

Wien 1 (4 Stück): Karlsplatz/Resselpark, Fußgängerpassage am Schottentor, U-Bahn-Station Schwedenplatz, U-Bahn-Station-Stephansplatz.

Wien 2 (1 Stück): U-Bahn-Station Praterstraße.

Wien 3 (2 Stück): Landstraßer Hauptstraße 2A + 2B, Erdbergstraße Nr. 202.

Wien 4 (2 Stück): U-Bahn-Station Südtiroler Platz, Wiedener Hauptstraße Nr. 6–10.

Wien 5 (1 Stück): Reinprechtsdorfer Straße Nr. 6.

Wien 7 (3 Stück): U-Bahn-Station Mariahilfer Straße, Nr. 64 und Nr. 128.

Wien 9 (3 Stück): Lazarettgasse Nr. 45, U-Bahn-Station Spittelau, U-Bahn-Station Währinger Gürtel.

Wien 10 (3 Stück): U-Bahn-Station Keplerplatz 15, Passage Matzleinsdorfer Platz, U-Bahn-Station Reumannplatz.

Wien 11 (1 Stück): Guglgasse Nr. 11 (Gasometer).

Wien 12 (1 Stück): Niederhofstraße 21–23.

Wien 15 (2 Stück): U-Bahn-Station Johnstraße, Gablenzgasse Nr. 13.

Wien 16 (3 Stück): Thaliastraße Nr. 109, Sandleitengasse Nr. 41, Lerchenfelder Gürtel Nr. 53.

Wien 20 (4 Stück): Dresdner Straße Nr. 38 – 44, Wallensteinstraße Nr. 46, Handelskai 94–96, Marchfeldstraße Nr. 14.

Wien 21 (1 Stück): U-Bahn-Station Zentrum Floridsdorf.

Wien 22 (1 Stück): Wagramer Straße Nr. 100.

Wien 23 (1 Stück): Liesinger Platz Nr. 1 (Bahnhof).

Schnitzeljagd
(Wien, verschiedene Bezirke)

„Street-Gaming" ist nicht nur aufregend, sondern auch richtig romantisch, denn nichts verbindet zwei Menschen mehr miteinander, als ein spannendes Abenteuer beim Versuch, gemeinsam ein Rätsel zu knacken und einem Geheimnis auf die Spur zu kommen – man merkt schnell, ob man denselben Ehrgeiz entwickelt und auch beim Denken harmoniert. Eine Schnitzeljagd, bei der man bis zum Zielort immer wieder verschlüsselten Hinweisen folgt, bringt sogar Wiener an Orte, die sie nicht kennen, von welchen sie nicht einmal geahnt haben, dass diese in ihrer Stadt überhaupt existieren. Fantasievolle Storylines machen das Spiel zu einem echten Erlebnis.

Adresse: Wien.

Öffnungszeiten: Der Spielplan ist auf www.nesterval.at zu finden, der Vorverkauf startet in der Regel zwei Wochen vor der Jagd und wird über Facebook bekannt gegeben. Die Tickets sind im Kunsthalle Wien Shop erhältlich (Museumsplatz 1, 1070 Wien, geöffnet ganzjährig, täglich von 10:00 bis 19:00 Uhr und Donnerstag von 10:00 bis 21:00 Uhr).

Erreichbarkeit mit Öffis:

je nach Rätsel.

Unbedingt sehenswert – Gänsehaut garantiert

Der Friedhof der Namenlosen und eine mysteriöse Liebesgeschichte
(Wien 11, Simmering)

> *Alle, die sich hier gesellen,*
> *Trieb Verzweiflung in der Wellen*
> *Kalten Schoß.*
> *Drum die Kreuze, die da ragen,*
> *Wie das Kreuz, das sie getragen,*
> *„Namenlos".*
>
> ERIK GRAF WICKENBURG, ÖSTERREICHISCHER
> JOURNALIST UND SCHRIFTSTELLER, 1903–1998,
> GEDICHT AM AUSGANG DES FRIEDHOFS

Ganz versteckt befindet sich in Albern, dort, wo das Auwald- und Wiesengebiet an den Hafen grenzt, die wohl mystischste Gräberanlage Wiens: der Friedhof der Namenlosen. Hier haben die Opfer des Donaustroms, die er in den Jahren 1845 bis 1940 mit sich gerissen, verschlungen und danach wieder ausgespuckt hat, ihre letzte Ruhe gefunden. Allerdings erblickt man auf dieser kleinen Begräbnisstätte keine prunkvollen Gräber, wie es in der Stadt Wien mit ihrer morbiden Zelebration des Todes samt ausgeprägter Friedhofskultur üblicherweise der Fall ist, sondern fast ausschließlich schmale Steinplatten – viele davon zu klein, als dass man annehmen, ja fast hoffen möchte, es würde ein Erwachsener dort zur letzten Ruhe gebettet worden sein. Geschmückt sind sie mit hübschen, schlichten Metallkreuzen, welche die Inschrift „Unbekannt" oder „Namenlos" tragen, und bunten Blumenbüschen, die von freiwilligen Helfern gepflanzt wurden und gepflegt werden. Hin und wieder zündet auch ein Besucher oder Tourist eine Kerze an oder legt ein selbst verfasstes Gedicht bei der winzigen Kapelle ab. Die Menschen, die damals von der Donau durch einen Wasserwirbel auf der Höhe des Stromkilometers 1.918 leblos, und meist bis zur Unkenntlichkeit entstellt, wieder freigegeben wurden, konnten in den meisten Fällen nämlich nicht mehr identifiziert werden und blieben daher namenlos. Es handelte sich dabei um Mord- sowie Unfallopfer und Selbstmörder – das Geheimnis, was genau ihnen zugestoßen ist, haben viele der bis in alle Ewigkeit anonym bleibenden Männer und Frauen mit ins Grab genommen.

Doch hie und da gibt es auch durch Überlieferung bekannte Geschichten und vereinzelt sogar einen Namen: Da ist die Dienstmagd, die von ihrem verheirateten Dienstherren geschwängert und danach entlassen wurde, die aus Verzweiflung über die Schande ins Wasser ging. Über einen anderen Toten kann man auf dem Grabstein lesen: *Wilhelm Töhn; Ertrunken durch fremde Hand am 1. Juni 1904 im 11. Lebensjahr.*

Eine besonders rührende Liebesgeschichte wurde vom letzten Totengräber des Friedhofs an dessen Sohn, der nach dem Ableben des Vaters die Pflege der Gräber übernahm, weitergegeben – sie handelt von Arnold Moser, dem Spross wohlhabender Eltern, und seiner Braut Verena, genannt Vreni.

Vreni, die junge und hübsche Tochter einer armen Witwe, war heimlich mit Arnold verlobt. Die reichen Eltern des verliebten Burschen ahnten nichts davon, da sie sich für ihren Sohn eine Frau aus wohlhabenden Kreisen wünschten. Eines Tages fanden sie jedoch alles heraus und verboten Arnold die Beziehung, woraufhin der kräftig unter Druck gesetzte Jüngling schließlich einwilligte, Vreni nie mehr wiederzusehen. Obwohl ihm das Herz brach, während er seiner Geliebten, die vor Kummer beinahe ohnmächtig wurde, seine Entscheidung mitteilte, blieb Arnold hart und verabschiedete sich – für immer, wie es schien. Als das Mädchen kurze Zeit später erfuhr, dass es schwanger war, beschloss es, sich das Leben zu nehmen. An einem Novembermorgen des Jahres 1931 stieg Vreni – noch mit ihrem Verlobungsring am Finger – in die kalten Fluten der Donau und sprach dabei: „Verzeih mir, dass ich deinen Ring mitnehme. Ich werde ihn dir zurückgeben, wenn es an der Zeit ist."

Arnold hielt daraufhin nichts mehr in Wien, wo ihn so viele Orte an seine Geliebte erinnerten, und so wanderte er nach Amerika aus.

Nach vielen Jahren kehrte er, immer noch unverheiratet, in seine Heimat zurück und kaufte sich ein Haus am Alberner Hafen, nahe beim Friedhof der Namenlosen, wo seine Braut begraben lag. Man hatte Vreni seinerzeit, als sie angeschwemmt wurde, anhand des Ringes, der die Gravur A.f.V., Arnold für Vreni, trug, identifizieren können.

Eines Tages, im Jahr 1986, Arnold Moser war bereits ein alter Mann, ging er wieder einmal am Friedhof spazieren. Als ein heftiges Gewitter aufzog, suchte er bei einem jungen Fischer in dessen Hütte Unterschlupf. In der Nacht wachte der Bursche durch einen lauten Donnerschlag auf und bemerkte, dass das Zimmer in einen hellen Lichtschein getaucht war. Er sah eine Frau mit blonden Zöpfen am Bett von Arnold Moser stehen, die einen Ring über den kleinen Finger des alten Mannes streifte und ihn dann mit einem Wink aufforderte, mit ihr zu gehen – was er auch tat. Als der Fischer sich von seinem Schreck erholt hatte, blickte er aus dem Fenster und sah im kalten Licht des Mondes das Paar Arm in Arm auf die Donau zuschreiten, die gerade Hochwasser führte.

Einige Tage später wurde in Ungarn die Leiche eines alten Mannes angeschwemmt, der an seinem kleinen Finger einen Ring mit der Gravur A.f.V. trug.

Der junge Fischer hat die Geschichte immer und immer wieder erzählt, wenn er mit seinem Freund, dem ehemaligen Totengräber, in dem kleinen Gasthaus am Hafen zusammengesessen ist. Und heute berichtet dessen Sohn, und danach *vermutlich dessen Sohn, über die Liebe von Arnold und Vreni über den Tod hinaus, damit diese nie in Vergessenheit gerät.*

Aber auch die anderen in der Donau Ertrunkenen leben im Gedenken der Bevölkerung weiter, daher wird jedes Jahr am Nachmittag des ersten Sonntags nach Allerheiligen ein mit Kränzen, Blumen und brennenden Kerzen geschmücktes Floß zu Wasser gelassen – in Gedenken an die anonymen Donau-Opfer und deren Angehörige.

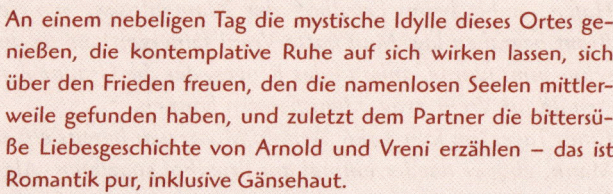

Romantik-Tipp

An einem nebeligen Tag die mystische Idylle dieses Ortes genießen, die kontemplative Ruhe auf sich wirken lassen, sich über den Frieden freuen, den die namenlosen Seelen mittlerweile gefunden haben, und zuletzt dem Partner die bittersüße Liebesgeschichte von Arnold und Vreni erzählen – das ist Romantik pur, inklusive Gänsehaut.

Adresse:
Alberner-Hafenzufahrtsstraße/Molostraße B, 1110 Wien.

Öffnungszeiten:
bei freiem Eintritt ganzjährig rund um die Uhr.

Erreichbarkeit mit Öffis:
Autobus Linie 76A, Station Alberner Hafen.

... und weitere idyllische Gräberanlagen

Tod bedeutet gar nichts. Ich bin nur nach nebenan verschwunden. Ich bin ich und du bist du. Was immer wir füreinander waren, das sind wir noch. Nenne mich bei dem alten vertrauten Namen. Sprich von mir, wie du es immer getan hast. Ändere nicht deinen Tonfall. Zwinge Dich nicht zu aufgesetzter Feierlichkeit oder Traurigkeit. Lache weiterhin über die kleinen Scherze, an denen wir gemeinsam Spaß hatten. Spiele, lächle, denke an mich, bete für mich. Lass meinen Namen weiterhin so geläufig sein, wie er immer war. Sprich ihn unbekümmert aus, ohne die Spur eines Schattens. Das Leben bedeutet all das, was es bisher bedeutete. Es ist genauso wie immer. Es geht uneingeschränkt und ununterbrochen weiter. Ist der Tod nicht nur ein unbedeutender Zwischenfall? Warum sollte ich vergessen sein, nur weil du mich nicht mehr siehst? Ich warte einstweilen auf dich, ganz in der Nähe, nur um die Ecke. Alles ist gut.

Henry Scott Holland, englischer Priester, 1847–1918

Vielleicht erkennen nicht alle Menschen die romantische Schönheit eines Friedhofs, auf dem die Toten, die zu Lebzeiten vielleicht Feinde waren oder deren Wege sich aufgrund sozialer oder anderer Unterschiede niemals gekreuzt hätten, einträchtig nebeneinander unter der Erde in Frieden ruhen. Es ist ein Platz, an dem unendlich viele Schicksale verschüttet wurden, Geschichten durch die Atmosphäre schwirren und sich die sterblichen Hüllen wieder mit der Natur vereinigen, aus der sie entstammen. Es gibt daher kaum einen poetischeren und beschaulicheren Ort, an dem man so nahe zu sich selbst und zu seinem Partner findet, als einen Friedhof – weil nichts auf der Welt selbstverständlich und daher mit jedem Herzschlag schätzenswert ist.

St. Marxer Friedhof
(Wien 3, Landstraße)

Im Jahre 1874 wurde der *Wiener Zentralfriedhof* eröffnet, da zu diesem Zeitpunkt die kleinen „communalen Friedhöfe" bereits aus allen Nähten platzten und man diese schließen musste – so auch das Gräberfeld in *St. Marx*, das seither als Parkanlage geführt wird und unter Denkmalschutz steht. Einst lagen hier zahlreiche prominente Persönlichkeiten, die man allerdings ab den 1880er-Jahren sukzessive auf den Zentralfriedhof umgebettet hat, da dort, zur Steigerung der Attraktivität der neuen „Totenstadt", Ehrengräber angelegt wurden. Bis heute ruht jedoch einer der bekanntesten Österreicher auf dem St. Marxer Friedhof: *Wolfgang Amadeus Mozart,* auch wenn sich der Originalgrabstein seit Ende des 19. Jahrhunderts inmitten der Musiker-Ehrengräber am Zentralfriedhof befindet. Auf Mozarts Grab steht heute eine Gedenktafel, die ein Friedhofswärter einst in Eigeninitiative errichtet hat.

Auf dem Friedhof von St. Marx zeugen liebevoll formulierte Inschriften der mit Efeu umrankten Grabsteine von inniger Zuneigung, auf anderen wiederum regen größtenteils Berufsbezeichnungen zum Schmunzeln an, wie etwa *immerhin Hausinhabers-Sohn*, oder *Sonn- und Regenschirmfabrikant*.

Entlang des Hauptweges und auf etlichen Nebenwegen sind zahlreiche Parkbänke aufgestellt, die zum Verweilen zu zweit einladen. Besonders empfehlenswert ist ein Aufenthalt im Frühling, da das rund sechs Hektar große Friedhofsareal als eines der am dichtesten mit Flieder bewachsenen Gebiete Wiens gilt.

Adresse:
Leberstraße 6–8, 1030 Wien.

Öffnungszeiten:
bei freiem Eintritt Oktober bis März von 6:30 bis 17:00 Uhr und April bis September von 6:30 bis 20:00 Uhr.

Erreichbarkeit mit Öffis:
Straßenbahn Linie 71, Station Litfaßstraße.

Jüdischer Friedhof
(Wien 9, Alsergrund)

Bei diesem Gottesacker handelt es sich um den ältesten erhaltenen jüdischen Friedhof von Wien, der Anfang des 14. Jahrhunderts eröffnet, bis 1783 als Begräbnisstätte genutzt wurde und bis 1943 unverändert blieb. Was jedoch die wenigsten wissen: Zugleich stellt diese Begräbnisstätte auch den ältesten Friedhof der Stadt dar.

Dieses historische und bereits ziemlich verfallene Kleinod ist jedoch nicht leicht zu finden, weshalb man auch kaum anderen Menschen begegnet, während man zwischen den 280 teilweise bereits stark verwitterten, schief stehenden und mit ihren hebräischen Inschriften mysteriös wirkenden alten Grabsteinen und den verwucherten Bäumen herumwandert. Hier ruhen unter anderem *Samuel Oppenheimer,* einer der ersten vom Kaiser protegierten „Hofjuden", sowie sein Schwiegersohn *Samson Wertheimer,* Finanzberater drei aufeinanderfolgender österreichischer Herrscher.

Der Eingang zu diesem Friedhof befindet sich im Inneren des dort ansässigen Pensionistenheims und ist aufgrund fortgeschrittener Bautätigkeit in der Gegend mittlerweile komplett von Hausmauern umschlossen.

Adresse:
Seegasse 9–11, 1090 Wien.

Öffnungszeiten:
bei freiem Eintritt ganzjährig Montag bis Freitag von 7:00 bis 15:00 Uhr.

Erreichbarkeit mit Öffis:
Straßenbahn Linie D, Station Seegasse.

Hietzinger Friedhof
(Wien 13, Hietzing)

Der Hietzinger Friedhof wurde 1787 geweiht und wird bis heute benutzt, wobei es sich bei dieser Begräbnisstätte um einen Promi-Friedhof mit besonders prächtigen Gräbern und Mausoleen der Reichen und Berühmten handelt. Nicht umsonst heißt es, dass man „in Hietzing nicht nur schön wohnen, sondern auch schön begraben werden kann". Auf diesem Gottesacker ruhen unter anderem *Franz Grillparzer, Otto Wagner, Gustav Klimt, Alban*

Berg und *Heinz Conrads,* in den Grüften liegen beispielsweise die Mitglieder der Familien *Strauss, Mautner Markhof* und *Palmers.*

Aber auch die einstige Geliebte von Kaiser Franz Joseph, *Anna Nahowski,* sowie deren Rivalin *Katharina Schratt,* sind am Hietzinger Friedhof begraben.

Adresse:
Maxingstraße 15, 1130 Wien.

Öffnungszeiten:
bei freiem Eintritt Jänner und Februar sowie November und Dezember von 8:00 bis 17:00 Uhr, März/Oktober 7:00 bis 18:00 Uhr und April bis September 7:00 bis 19:00 Uhr.

Erreichbarkeit mit Öffis:
Autobus Linie 8A, Station Montecuccoliplatz.

Sieveringer Friedhof
(Wien 19, Döbling)

Der Sieveringer Friedhof ist eine 1883 eröffnete und heute noch genutzte Begräbnisstätte, die über eine eigene Leichenkammer samt Seziersaal verfügt. Eines der bekanntesten Gräber gehört dem Maler *Richard Gerstl* (1883–1908), der sich aus verschmähter Liebe das Leben genommen hat. Der junge Mann, der sich auch für Musik interessierte, knüpfte in Wien zu Beginn des 20. Jahrhunderts Kontakte, unter anderem zu den Komponisten Gustav Mahler und Arnold Schönberg. Als er im Jahr 1906 den Auftrag erhielt, die Familie Schönberg auf Leinwand zu bannen, verliebte er sich in Mathilde, Arnolds Gattin. Die beiden begannen eine Affäre, wurden vom bereits von Anfang an misstrauischen Ehemann allerdings erst 1908 in flagranti erwischt. Obwohl Richard Gerstl mit Selbstmord drohte, beschloss Mathilde, wegen der Kinder, bei Arnold zu bleiben, woraufhin sich der unglückliche Maler das Leben nahm. Man fand ihn erhängt vor einem Spiegel, von einem Messer durchbohrt. Zuvor hatte er seine Liebesbriefe verbrannt, ebenso wie seine zuletzt fertiggestellten Gemälde. Gerstl ruht am Sieveringer Friedhof in einem Ehrengrab.

Adresse:
Nottebohmstraße 51, 1190 Wien.

Öffnungszeiten:
bei freiem Eintritt Jänner und Februar sowie November und Dezember
von 8:00 bis 17:00 Uhr, März/Oktober 7:00 bis 18:00 Uhr und April
bis September 7:00 bis 19:00 Uhr.

Erreichbarkeit mit Öffis:
Autobus Linie 35A, Station Glanzing.

Kahlenberger Friedhof
(Wien 19, Döbling)

Beim winzigen Kahlenberger Waldfriedhof handelt es sich vermutlich um den entlegensten und zugleich malerischsten Gottesacker
Wiens, der im Jahr 1783 geweiht wurde und rund 30 Gräber, in
welchen Personen und Persönlichkeiten aus der Biedermeierzeit
ruhen, beherbergt. Seit 1874 wird die Begräbnisstätte nicht mehr
belegt.

Durch ein rostiges Portal betritt man den längsförmigen, mit
einem morschen Holzzaun eingefassten Friedhof im lichten Wald.
Ein schmaler Weg führt bis zum Ende, wo sich ein schön gestalte-
tes Familienmausoleum befindet.

Das interessanteste Grab in dieser wildromantischen Anlage
stellt jedoch das von Karoline, genannt „Lottchen", Traunwieser
(1794–1815), einer Sängerin und dem „schönsten Mädchen zur
Zeit des Wiener Kongresses" dar.

Die Anmut dieser jungen Frau wird von dem österreichischen Orientalisten Josef Freiherr von Hammer-Purgstall (1774–
1856), Gründer der Akademie der Wissenschaften, laut seiner
Aufzeichnungen wie folgt beschrieben:

*Auf einem Balle (am 18. 2. 1811) bemerkte ich in einem Teile
des Tanzsaales (im „Römischen Kaiser" in der Kärntner-
strasse) ein besonderes Gedränge. Ich drängte mich ebenfalls hin und war das erste und einzige Mal in meinem Leben*

von einer wirklich himmlischen Schönheit ergriffen, wie nie vorher und seitdem. [...] Eine Peri (wunderschöne persische Fee), wie ich sie nur geträumt, nie gesehen hatte. Ich kann die Empfindung des reinsten ästhetischen Gefühles, womit mich ihre Schönheit an den Boden festzauberte, nur mit der vergleichen, womit ich zu Paris vor dem Apollon vom Belvedere festgewurzelt stand. Mir ward, als strömte sie magnetisches Licht aus, dessen Fluten über meinem Haupte zusammenschlugen.

Die Geschichte dieser jungen Frau, die alle Männer mit ihrer Schönheit in ihren Bann zog, geht zu Herzen: Sie verliebte sich in einen französischen Oberst, der beim Rückzug Napoleons aus Moskau 1812 ums Leben kam. Diesen Verlust konnte sie nie verschmerzen, wurde immer schwächer und verstarb im März 1815 an der Lungenschwindsucht.

Adresse:
Kahlenbergerstraße, 1190 Wien.

Öffnungszeiten:
bei freiem Eintritt ganzjährig rund um die Uhr.

Erreichbarkeit mit Öffis:
Autobus Linie 38A, Station Kahlenberg, ca. 20 Minuten Fußweg über Kahlenbergerstraße.

Noch ein paar Orte zum gemeinsamen Gruseln

Michaelergruft
(Wien 1, Innere Stadt)

Die *Michaelerkirche* wurde um 1220 im Stil der Romanik errichtet und dem Erzengel Michael geweiht. Sie war ursprünglich, wie im Mittelalter üblich, von einem Friedhof umgeben (erste urkundliche Erwähnung im Jahre 1310), den Kaiser Maximilian I.

im Jahr 1510 allerdings aufließ. Man erzählt sich, der Herrscher hätte es nicht erbaulich gefunden, auf einem seiner Balkone der Hofburg mit Blick auf den Friedhof zu stehen und auf Leichenteile zu blicken – da man die Toten damals nicht sehr tief unter die Erde brachte, kam es vor, dass sie von Tieren ausgegraben oder vom Regen freigelegt wurden.

1560 hat die Familie Herberstein die erste Gruft im Keller des Gotteshauses anlegen lassen, die vorerst nur den Reichen vorbehalten war. Im 17. Jahrhundert kamen dann die Herrengruft für Adelige ohne eigene Familiengruft, die Pfarrgruft für Kaufleute, Handwerker und Hofbedienstete sowie die Engelgruft für Kinder hinzu. Etwa ab 1775 entstanden durch den Bau von Gängen, zwischen den unterirdischen Räumen, Katakomben, die von den Barnabiten gepflegt wurden, unter deren Aufsicht einfache Arbeiter sämtliche Knochen geordnet und sorgsam aufgeschichtet haben.

Zu dieser Zeit ließen sich immer mehr Menschen, die es sich leisten konnten, in der Kirche nahe der Hofburg begraben, die Michaelerkirche galt als „Toteninsel für Adel und Volk". Im 18. Jahrhundert stieg die Anzahl der Särge ins Unermessliche. Um Platz zu schaffen, ohne die Toten entfernen zu müssen, begann man damit, die alten zerfallenen Särge zu zertrümmern und die Holz- und Knochensplitter in den Gruftboden zu stampfen – die Besucher der Katakomben wandeln also auf einem etwa eineinhalb Meter hohen Belag aus toten Menschen. Zusätzlich wurden einigen Grabplatten eingelassen – der älteste stammt aus dem Jahr 1341.

1784 hat Kaiser Joseph II. per Dekret Bestattungen in der Michaelergruft verboten.

Im Jahr 1977 hat man mit Einleitung des elektrischen Lichts einen Teil des Labyrinths im Untergrund der Öffentlichkeit zugänglich gemacht. Zuvor gab es in den 1960ern nur Führungen für ausgesuchte Gäste, welche die Katakomben mit Kerzen erkundeten, wovon zahlreiche Wachsspuren an den Särgen zeugen.

Jährlich steigen Tausende Menschen in die Gruft, da dort die Körper der Verstorbenen aufgrund besonderer klimatischer Verhältnisse nicht verwesen: In 250 mit Blumen, Totenköpfen, Engeln und diversen Vergänglichkeitssymbolen, wie Sanduhren, bemalten Särgen liegen gut erhaltene Mumien in barocken Kleidungsstücken wie Gehrock, Umhang, Seidenpantoffeln oder Schnallenschuhen, mit einst eleganten Perücken auf dem Kopf, die sie als Adelige ausweisen. In den Händen halten die meisten einen letzten Abschiedsgruß der Hinterbliebenen: Rosenkränze, Andachtsbilder oder vertrocknete Blumen.

Besonders berührend sind die sterblichen Überreste eines jungen Mannes mit schmerzentstelltem Gesicht und eingedrücktem Brustkorb, der offenbar von einer Kutsche überfahren wurde. Vielleicht war der Bursche gerade auf dem Weg zu seiner Liebsten, und während seine verträumten Gedanken bereits zum bevorstehenden Stelldichein eilten, überhörte er das Klappern der Pferdehufe und sah das Gefährt nicht kommen, das ihn wenig später überrollte.

Adresse:
Michaelerplatz 1, 1010 Wien.

Öffnungszeiten:
Führungen jeden Donnerstag, Freitag und Samstag von 11:00 bis 13:00 Uhr, außer in der letzten Dezember- und ersten Jänner-Woche.

Erreichbarkeit mit Öffis:
U-Bahn Linie 3, Station Herrengasse.

Kriminalmuseum
(Wien 2, Leopoldstadt)

In einem der ältesten Häuser der Leopoldstadt, dem mittelalterlichen *„Seifensiederhaus"*, befindet sich heute das Kriminalmuseum in Kombination mit dem Museum der Bundespolizeidirektion Wien. In insgesamt 20 Räumen sind Fotos, Zeitungsartikel und verschiedenste Gegenstände ausgestellt, die sowohl die Geschichte der Kriminalität inklusive der spektakulärsten Fälle, grausamsten Folterungen und brutalsten Morde als auch des Polizeiwesens vom Mittelalter bis in die Neuzeit dokumentieren. Man trifft etwa auf die „Greißlerin vom Hungelbrunn", liest die Geschichte vom poetischen Dienstmädchenmörder Hugo Schenk und erfährt mehr über den Giftmörder Hofrichter, findet außerdem den Fall der Ermordung des Kriegsministers Latour sowie das Attentat auf Kaiser Franz Joseph anschaulich dargestellt vor und sieht Totenmasken, Waffen und Folterinstrumente. Darüber hinaus ist der Kopf von Juliana Hummel zu besichtigen, die des Mordes an ihrer kleinen Tochter Anna beschuldigt und im Jahr 1900 hingerichtet worden war. Ihr Todeskampf hatte jedoch aufgrund der Unfähigkeit des Scharfrichters 45 Minuten lang gedauert. Die 30-jährige Frau soll sich unter schlimmen Zuckungen gewunden und dabei grauenvolle gurgelnde Laute ausgestoßen haben.

Beim Gang durch dieses Museum werden rund 300 Jahre Geschichte und die dunklen Seiten von Wien wieder lebendig – nirgendwo sonst in der Stadt sind die Schattenseiten der menschlichen Seele so schaurig dokumentiert, wie in den historischen Räumlichkeiten des ehemaligen „Seifensiederhauses".

Adresse:
Große Sperlgasse 24, 1020 Wien.

Öffnungszeiten:
ganzjährig Donnerstag bis Sonntag von 10:00 bis 17:00 Uhr.

Erreichbarkeit mit Öffis:
U–Bahn Linie 2 oder Straßenbahn Linie 2, Station Taborstraße, oder
    Straßenbahn Linie 5, Station Am Tabor.

Pötzleinsdorfer Schlosspark
(Wien 18, Währing)

Wo heute das Gebäude der Bundespolizei Wien steht, am Schottenring 7 (Wien 1, Innere Stadt), befand sich einst das Ringtheater, ursprünglich als „komische Oper" bezeichnet, das am 17. Jänner 1874 mit dem „Barbier von Sevilla" von Gioachino Rossini eröffnet wurde. Nach einigen finanziellen Problemen lief dort mit großem Erfolg ab 1. Oktober 1881 „Der Rattenfänger von Hameln", und am 8. Dezember sollte die Premiere der Oper „Hoffmanns Erzählungen" von Jacques Offenbach über die

Bühne gehen. Doch bereits vor der Vorstellung brach im Theater ein Feuer aus, das nicht gelöscht werden konnte – das gesamte Gebäude war innerhalb kurzer Zeit nur noch Schutt und Asche. Der Brand war durch entzündetes Gas für die Beleuchtung der Schaukästen ausgelöst worden. Offiziell kamen an diesem Tag 384 Menschen ums Leben, auch wenn man später von einer weit höheren Opferzahl sprach.

Die allgemeine Begräbnisstätte der Brandopfer befindet sich auf dem Wiener Zentralfriedhof, Gruppe 30A, unweit des Haupteinganges, links neben den Alten Arkaden.

Vier Figuren, die ab 1874 auf Pfeilern unterhalb des Daches des Ringtheaters aufgereiht gewesen waren, konnten damals vor dem Feuer in Sicherheit gebracht werden – dieses „Singende Quartett" steht heute am Hauptweg im Pötzleinsdorfer Schlosspark, einer hübschen Grünanlage mit romantischen Einbauten wie *Badegrotte*, *Vogelhäuser* und einem kleinen *griechischen Tempel*.

Adresse:
Pötzleinsdorfer Straße/Geymüllerstraße, 1180 Wien.

Öffnungszeiten:
bei freiem Eintritt ganzjährig täglich von 8:00 Uhr bis zum Einbruch der Dunkelheit.

Erreichbarkeit mit Öffis:
Straßenbahn Linie 41, Station Pötzleinsdorf.

Schwarzenbergpark
(Wien 17, Hernals)

Idyllisch und zugleich mystisch – so präsentiert sich der Schwarzenbergpark, früher Dornbacher Park, im Hernalser Bezirksteil Neuwaldegg, der als erster Landschaftsgarten Österreichs gilt.

Das Gelände wurde im 18. Jahrhundert von Feldmarschall Franz Moritz Graf von Lascy (1725–1801), der auch das Schloss

Wilhelminenberg erbauen ließ, zu einem der größten Lustgärten des Landes gestaltet. Ihm gehörte ab 1765 auch Schloss Neuwaldegg, zu dem eine 2,2 Kilometer lange, schnurgerade Allee durch die Grünanlage führt. Am höchsten Punkt des Parks ließ Graf von Lascy, dessen Grabmal sich nahe der Höhenstraße im Waldgebiet befindet, 17 Schilfrohrhütten errichten, die der Unterbringung seiner Gäste bei feierlichen Veranstaltungen oder einer Jagd dienten. Nach holländischem Vorbild wurde vor jedes Häuschen ein Baum gepflanzt, was den noch heute gebräuchlichen Namen *„Holländerdörfl"*, auch Hameau, für diesen Teil der Grünanlage erklärt. Mittlerweile steht dort nur noch eine einzige Hütte, früher ein Gasthaus, heute Aufenthaltsort für müde Wanderer.

Später kaufte die Adelsfamilie Schwarzenberg, durch die der ehemalige Lustgarten zu seinem heutigen Namen kam, den Besitz.

Neben der letzten Ruhestätte des Grafen von Lascy finden Spaziergänger zwei *Obelisken*, auf welchen die Buchstabenfolge KYCELAK eingraviert ist, die man ebenso auf zahlreichen Felsen, Ruinen und Brückenpfeilern im gesamten Land findet. Es handelt sich dabei allerdings nicht um eine geheime Botschaft, ähnlich wie das AEIOU von Kaiser Friedrich III., sondern um den Nachnamen des Hofkammerbeamten und Alpinisten Joseph Kyselak, der mit dieser Vorgehensweise als der Vorläufer des modernen Taggens oder Graffiti-Sprühens gilt. Die Obelisken werden im Volksmund *Maria-Theresien-Schaukel* genannt, denn der Legende nach soll sich die Kaiserin hier eine Schaukel anbringen haben lassen, deren „Einschnitte noch zu sehen seien" (worum es sich bei den Kerben in den Pfeilern tatsächlich handelt, lässt sich jedoch nicht mit Sicherheit sagen). Nun, möglich wär's allerdings, immerhin zählte Maria Theresias Sohn, Kaiser Joseph II., zu den engsten Freunden des Grafen von Lascy, der die Herrscherfamilie gerne auf eine Runde Flanieren durch seinen Lustgarten und danach zum geselligen Verweilen im Park einlud.

Doch das Areal mit den alten knorrigen Bäumen und kleinen Schwanenteichen, zum Teil noch aus der Zeit des Franz Moritz Graf von Lascy stammend, besitzt auch eine sehr dunkle Seite, die von jeher Menschen, die an Liebeskummer litten und sich mit Selbstmordgedanken trugen, in ihren Bann gezogen hat.

So berichtet etwa die Zeitung Morgenpost am 7. Juli 1870:

Selbstmord aus Liebesgram – Der 26jährige in der Bürgerspitalsgasse wohnhafte Schriftsetzer Hugo Gränz wurde vorgestern Abends in einem Gehölze nächst der Marswiese im Dornbacher Parke an einem Baume erhängt aufgefunden. Als Motiv nimmt man den Tod der Braut des Unglücklichen an, der sich bereits ein kleines Vermögen von 400 Gulden erspart hatte, welches er seinem alten Vater hinterließ.

Fast auf den Tag vier Jahre später, am 1. Juli 1874, ereignete sich das nächste Unglück: Der ebenfalls 26-jährige Kellner Eduard G. vergiftete sich mit einer Zyankalilösung und legte sich mit einem Abschiedsbrief in der Anzugtasche zum Sterben auf die Marswiese – darüber berichtete die Wiener Zeitung am 3. Juli 1874. Der Grund für die Tat: Die Freundin des Mannes hatte am Tag zuvor die Verlobung gelöst.

Auf der *Marswiese*, die bereits im Schottenwald liegt, in den der Schwarzenbergpark übergeht, befinden sich heute ein Sportzentrum und Freizeitklub.

Darüber hinaus geschahen im heutigen Schwarzenbergpark vor allem im 19. Jahrhundert zahlreiche Morde und Mordversuche. So wurde beispielsweise am 12. Juni 1871 der Schustergeselle Franz Tribasser, wohnhaft am Alsergrund, Liechtensteinstraße 73, am Ufer des Alsbaches (im Park „Dornbach" genannt) von Passanten nahe der beiden Obelisken halb totgeschlagen und ausgeraubt aufgefunden, wie die Tageszeitung Presse am folgenden Tag berichtete. Das Opfer war früh morgens aus dem Bett seiner Geliebten in den Park gelockt und dort niedergestreckt worden. Der Täter, der von Zeugen als etwa 20-jähriger Mann mit untersetzter Statur, magerem, blassem Gesicht und spitzer Nase, *der einen runden schwarzen Filzhut, ein braunes Sommer-Jaquet, eine dunkle Hose und ein weißes Hemd trug*, konnte nie gefasst werden. Möglicherweise war nicht Habgier, sondern Eifersucht das Motiv der Tat, das durch den Raub verschleiert werden sollte.

Aber auch teilweise mysteriöse Unfälle ereigneten sich im Schwarzenbergpark, etwa am 17. März 1861, wie man am 10. Mai desselben Jahres im Teplitz-Schönauer Anzeiger lesen konnte.

An diesem Tag wanderte eine lustige Gesellschaft nach der „Rohrer-Hütte" im Dornbacher Park bei Wien; sie bestand aus zwei jungen Spänglergesellen und deren Geliebten, zwei Hauerstöchtern. Die jungen Leute wollten sich „einen guten Tag machen". Allein der Tag nahm ein trauriges Ende. Im Gasthause angelangt, begaben sie sich, da die allgemeine Gaststube von Gästen überfüllt war, ins Extrazimmer, wo sie unter anderem allerlei Kurzweil trieben. Der Geselle Mazzoldi hatte in der Ecke neben der Thür ein Gewehr gesehen, womit er die Mädchen zu schrecken gedachte, wenn sie – sie hatten sich eben auf kurze Zeit entfernt – ins Zimmer zurückkehren würden. Sie kamen, vorerst die Anna Kaltenberger. Mazzoldi legte an, und zielte nach ihrer Brust. Sie schrie auf und ermahnte ihn, „keine Dummheiten zu machen". Allein Mazzoldi wiederholte den Spaß, als das andere Mädchen, Marie Wimmer, ins Zimmer trat. Er legte an, zielte nach ihrem Kopfe, und ehe noch der anwesende Kellner rufen konnte: „Das Gewehr ist geladen!" fiel bereits ein Schuß, und das Mädchen lag todt in ihrem Blute.

Der Schwarzenbergpark scheint es also mit verliebten jungen Leuten nicht gut zu meinen. Wer den gemeinsamen schaurigen Nervenkitzel sucht, ist hier also gut aufgehoben.

Adresse:
Neuwaldegger Straße, 1170 Wien.

Öffnungszeiten:
bei freiem Eintritt ganzjährig rund um die Uhr.

Erreichbarkeit mit Öffis:
Straßenbahn Linie 43, Station Neuwaldegg.

Insider-Empfehlungen

Das Sixties-Kino mit Hippie-Charme
(Wien 1, Innere Stadt)

Das Gartenbaukino verdankt seinen Namen der k. k. Gartenbau-Gesellschaft, in dessen Ringstraßen-Palais im Stil der italienischen Renaissance, genauer gesagt in dessen Blumensaal, 1919 ein Lichtspielhaus entstand. Es wurde am 19. Oktober 1919 mit dem Film „Kolumbus entdeckt Amerika" eröffnet und war mit 639 Plätzen eines der ersten Großkinos der Stadt. Es handelte sich damals um ein einfach leistbares und daher den Bürgern aller Schichten zugängliches Vergnügen, weshalb jede einzelne Vorstellungen in der Folgezeit Massen anlockte und ausverkauft war.

Neu erbaut in den 1950ern, strahlte das Lichtspielhaus daraufhin den Glanz eines klassischen Premierenkinos aus. Bei der Eröffnung im Dezember 1960, bei der die Karten zwischen 12 und 40 Schilling kosteten, flimmerte der Film „Spartacus" über die Leinwand. Bei der Premiere war auch Hollywoodstar Kirk Douglas anwesend, der sich bewundernd über das einzigartige Flair des prachtvollen Lichtspielhauses äußerte.

Auf den Stühlen im Saal saßen im Laufe der Zeit noch zahlreiche andere Promis, unter anderen Bruce Willis, Tilda Swinton, Jane Fonda, Martin Scorsese, John Carpenter, Lauren Bacall, David Lynch, Tom Cruise und Christoph Waltz.

Heute ist das Gartenbaukino das letzte Lichtspielhaus mit nur einem einzigen Saal, dem größten in Wien, in dem den Gästen 736 Plätze zur Verfügung stehen.

Romantik-Tipp

Obwohl der Saal recht groß ist, sogar im Vergleich mit einem modernen Mega-Cineplex, fühlt man sich darin aufgrund des Sixties-Flairs sehr geborgen. Und sobald das Licht gedimmt wird und die große Leinwand zu flackern beginnt, ist es ohnehin so, als wäre man mit dem Partner ganz alleine auf der Welt. Ein gemeinsamer Kinobesuch gehört ganz einfach auch zum Standardprogramm für Verliebte.

Adresse:
Parkring 12, 1010 Wien.

Öffnungszeiten:
ganzjährig je nach Spielplan, nachmittags/abends.

Erreichbarkeit mit Öffis:
Straßenbahn Linie 2, Station Weihburggasse.

... und weitere Geheimtipps für Verliebte

Wiener Hochschule für Musik
(Wien 3, Landstraße)

Natürlich kann man, wenn man klassische Klänge mag, einfach in die Oper gehen oder eines der zahlreichen Konzerte, die in der Kulturstadt Wien fast rund um die Uhr stattfinden, besuchen – zum Beispiel im schönen *Renaissance-Kursalon* im Stadtpark (Wien 3, Landstraße). Gemeinsam der zu Herzen gehenden Musik lauschen, die unter anderem von Liebesfreud oder Liebesleid erzählt, ist einfach romantisch. Ein wenig cooler ist jedoch die Alternative: sich die Kompositionen in der Wiener Hochschule für Musik anzuhören, wenn die Studenten ihr Können vor Publikum präsentieren. Es finden dort neben den klassischen Konzerten laufend auch noch andere Veranstaltungen wie *Liederabende, Matineen und Musikbrunchs* statt. Meist sind die Aufführungen gratis, sodass man danach auch noch nobel speisen gehen kann.

Adresse:
Anton-von-Webern-Platz 1, 1030 Wien.

Öffnungszeiten:
bei freiem Eintritt ganzjährig, die Termine der Aufführung sind auf
    www.mdw.ac.at zu finden.

Erreichbarkeit mit Öffis:
U-Bahn Linie 4, Station Stadtpark, oder Straßenbahn, Linie O, Station
    Landstraße Wien-Mitte.

Hammam
(Wien 6, Mariahilf)

Sich von Kopf bis Fuß verwöhnen lassen – das kann man im orientalischen Hammam (Achtung: Gemeinsam kann das Bad nur am Dienstag genutzt werden, an den anderen Tagen sind Damen und Herren getrennt). In den warmen, dunstigen Räumen wird man von sogenannten Hammamcis mit riesigen Schwämmen eingeseift und mit duftenden Ölen massiert. Darüber hinaus gibt es einen Tee-Salon, ein Café, eine Brasserie und eine Kaviar- und Austernbar – für das Rundherum-Wohlfühl-Erlebnis zu zweit.

Adresse:
Rahlgasse 5, 1060 Wien.

Öffnungszeiten:
Montag bis Freitag von 14:00 bis 22:00 Uhr, Samstag von 11:00 bis
    22:00 Uhr. Im August geschlossen. Reservierung erforderlich.

Erreichbarkeit mit Öffis:
U-Bahn Linie 2, Station Museumsquartier.

Pipers Ballroom
(Wien 6, Mariahilf)

Wer in Wien verliebt ist, geht auch gerne tanzen. Wunderbar geeignet für klassische Schritte bei Tango und Salsa, die für erotisches Prickeln zwischen den Partnern sorgen, ist der legendäre Retroklub Pipers Ballroom mit Charme und Musik der 1930er- bis 1970er-Jahre. Man tanzt dort auch Lindy Hop, Rock'n Roll und Boogie.

Adresse:
Hofmühlgasse 23, 1060 Wien.

Öffnungszeiten:
abhängig von den Veranstaltungen, abrufbar unter www.pipersball-room.com.

Erreichbarkeit mit Öffis:
U-Bahn Linie 4, Station Pilgramgasse.

Böhmischer Prater
(Wien 10, Favoriten)

Seit rund 100 Jahren drehen sich im Böhmischen Prater in 251 Meter Höhe die Ringelspiele und Schausteller laden hinter den leicht heruntergekommen wirkenden Buden zu ihren Angeboten ein.

Der kleine Vergnügungspark hat sich rund um das erste Ausflugsgasthaus auf dem Laaer Berg entwickelt, bei dem sich nach und nach immer mehr Schaustellerfamilien ansiedelten, die vorwiegend aus Böhmen stammten und damit dem Areal seinen Namen gaben. Unterhalten haben sich dort ursprünglich hauptsächlich die Arbeiter der rundherum angesiedelten Ziegelfabriken.

Heute präsentiert sich der Mini-Prater mit seinen altmodischen Attraktionen, urigen Wirtshäusern und einem Minigolfplatz, als nostalgisch-charmante Light-Version des Vergnügungsparks in der Leopoldstadt, in der man sich um ein Jahrhundert zurück in die Vergangenheit versetzt fühlt – sehr romantisch für Liebespaare, die abseits von Touristenströmen, grellen Lichtern und plärrenden Lautsprecherdurchsagen Händchen haltend mit dem Kettenkarussell fahren, sich aneinandergekuschelt in riesigen Teetassen im Kreis drehen oder am „kleinen Riesenrad" Arm in Arm über Wien, und an klaren Tagen weit darüber hinaus, ins Land blicken wollen.

Adresse:
Laaer Wald 216, 1100 Wien.

Öffnungszeiten:
bei freiem Eintritt von Anfang März bis Ende Oktober Samstag und
    Sonntag von 8:00 bis 21:00 Uhr, zusätzlich von Mai bis September
    Montag bis Freitag von 8:00 bis 12:00 Uhr und 14:00 bis 19:00 Uhr.
    Die Attraktionen sind extra zu bezahlen.

Erreichbarkeit mit Öffis:
Autobus 15A, Station Grillgasse, ca. 15 Minuten Fußweg über
    Donaubaumgasse und Kleingartenverein Löwygrube.

Kunsteisbahn Engelmann
(Wien 17, Hernals)

Das Eislaufen war in Wien schon vor der Zweiten Türken-belagerung 1683 bekannt, wenn auch nur wenig verbreitet. Ursprünglich stellten sich allerdings nur Männer auf die Kufen, um „auf dem Eis zu schleifen", und zogen die Frauen auf Schlitten hinter sich her. Der Damen-Eislauf wurde erst später salonfähig.

Eduard Engelmann, selbst ein Fan dieser Sportart, ließ im Jahr 1868 im Garten seines eigenen Grundstückes rund um einen alten Nussbaum eine Eisfläche für die Familie und einige Freunde anlegen. Schon bald erhielt er Anfragen von Fremden, die sei-nen künstlichen „Kufenplatz" nutzen wollten, und Engelmann erkannte eine neue Einnahmequelle. 1871 wurde ihm vom k. k. Bezirkshauptmann in Hernals ein Gewerbeschein für das Benützen seiner Eisbahn im Hausgarten ausgestellt. „Eispapa Engelmann" ging persönlich regelmäßig mit einem Schneeschieber und einer Gießkanne über den Platz, um Ausbesserungen am Eis vorzunehmen. Auch eine Drehorgel „für den musikalischen

Alltag" hat er installiert. Als Eduard Engelmann 1897 seine Augen für immer schloss, war sein Sohn bereits von der fixen Idee beherrscht, auch bei Wärmegraden eine Eisfläche im Freien „hervorzuzaubern" – und wurde belächelt. Doch es gelang: Im Jahr 1909 schuf Eduard Engelmann jun. die erste Freiluft-Kunsteisbahn weltweit, die 1975 auf dem Dach eines Warenhauses mitten in Wien errichtet wurde, wo sie sich heute noch befindet. Dort kann man zusammen hoch über den Dächern der Stadt über das spiegelglatte Eis flitzen – ein traumhaftes Ambiente, vor allem bei Dunkelheit.

Adresse:
Syringgasse 6–14, 1170 Wien.

Öffnungszeiten:
Oktober bis März, Montag 9:00 bis 18:00 Uhr, Dienstag, Donnerstag und Freitag (Eis-Disco) 9:00 bis 21:30 Uhr und Mittwoch, Samstag sowie Sonntag von 9:00 bis 19:00 Uhr.

Erreichbarkeit mit Öffis:
U-Bahn Linie 6, Station Alser Straße, oder Straßenbahn Linie 43, Station Palffygasse.

Grüne Christkindlmärkte
(Wien, verschiedene Bezirke)

Neben den klassischen und größtenteils bekannten Christkindlmärkten, gibt es in den Erholungsgebieten und Grünanlagen von Wien lokal kleine Ansammlungen bezaubernder Adventbuden, die als echte Geheimtipps unter den Romantikern gelten. Diese befinden sich beispielsweise beim *Schloss Wilhelminenberg,* im *Türkenschanzpark,* in den *Blumengärten Hirschstetten* und im *Lainzer* sowie im *Schönbrunner Tiergarten.* Die meisten davon haben von Mitte November bis 23. Dezember von 10:00 bis 21:00 Uhr geöffnet.

Die besten Lokale und Hotels für Verliebte

Denn gegen die Liebe ist kein Kraut gewachsen, gegen sie hilft kein Trank, keine Speise, nichts, was in Zaubersprüchen gemurmelt wird, sondern nur Kuß und Umarmung und nackt beieinanderzuliegen.

Longus von Lesbos, griechischer Schriftsteller, Ende des 2. Jhd.

Sich in einem feinen Restaurant gemeinsam kulinarisch verwöhnen zu lassen, ist ein sehr sinnliches Erlebnis. In einem Szenelokal bei Kerzenschein in einer dunklen Ecke Händchen halten und gute Gespräche führen, kann ebenfalls sehr anregend sein. Auch am Ende eines ausgiebigen Spaziergangs bei einem urigen Heurigen zusammen ein Gläschen Wein zu trinken, oder in einem echten Wiener Kaffeehaus bei einer Melange zu zweit die Seele baumeln lassen, beschert einem Paar sehr entspannte Momente. Und abends begibt man sich Arm in Arm zu einem der romantischsten Hotels der Stadt und genießt dort das ungestörte Zusammensein – paradiesische Stunden, die nicht nur Besuchern in unvergesslicher Erinnerung bleiben sollen, sondern auch Wienern, die einmal dem Alltag den Rücken kehren und ein kleines Abenteuer erleben möchten.

Folgend die zauberhaftesten Gast- und Schanigärten, Kaffeehäuser, Heurigen und Kultlokale sowie schönsten Unterkünfte für Verliebte in Wien – weil diese wie geschaffen sind für Paare, die von Amors Pfeil getroffen wurden.

Malerische Gast- und romantische Schanigärten

Als Schanigarten wird ein zu einem Lokal gehöriger Konsumationsbereich im Freien mit Tischen, Sesseln und Sonnenschirmen bezeichnet, der sich auf einer öffentlichen Fläche befindet – im Gegensatz zum Gastgarten, der im Privatbesitz ist. Häufig sind dabei die Areale, meist auf dem Gehsteig oder Parkstreifen sowie in der Fußgängerzone oder einem Durchgang, mit Blickschutzwänden oder Blumenkisten eingezäunt und so von der Umgebung abgetrennt und mit Topfpflanzen geschmückt. Alle beweglichen Teile werden üblicherweise spätestens am Ende der Saison wieder abgebaut.

Die Bezeichnung „Schanigarten" dürfte von dem Italiener Johann Jakob Tarone (1706–1777), genannt Gianni, stammen, der im Jahr 1748 am Graben ein Kaffeehaus eröffnete und um 1750 zusätzlich die Erlaubnis erhielt, Tische und Stühle vor dem Kaffeehaus aufzustellen. Und aus „Giannis Garten" dürfte im Laufe der Zeit „Schanigarten" geworden sein.

Gast- und Schanigärten haben in Wien von 8:00 bis 23:00 Uhr (in Innenhöfen von 9:00 bis 22:00 Uhr) für ihre Besucher geöffnet.

Folgend beziehen sich daher die Öffnungszeiten auf das zum jeweiligen Garten gehörige Lokal.

Da Moritz

(Wien 1, Innere Stadt)

Im Schanigarten des „kleinen Italieners" Da Moritz, auch wenn er so klein gar nicht ist, liegen Roma, Firenze und Venezia tatsächlich im Herzen von Wien. Um die Hausecke herum stehen die Tische und Sesseln auf einem massiven Holzboden, überdacht von einer Schatten spendenden Markise, umrahmt von Grünpflanzen, die sich in den offenen Fenstern und Türen zum Lokal befinden – das Ambiente erinnert hier tatsächlich an Bella Italia. Pizza, Pasta und Fisch, abends bei Kerzenschein – so lässt es sich zu zweit genießen.

Adresse:
Schellinggasse 6, 1010 Wien. www.damoritz.at

Öffnungszeiten:
ganzjährig täglich von 12:00 bis 23:00 Uhr.

Erreichbarkeit mit Öffis:
Straßenbahn Linie 2, Station Weihburggasse.

Schweizerhaus
(Wien 2, Leopoldstadt)

Erstmals urkundlich erwähnt wird der Gastronomiebetrieb im Jahr 1766, als Schweizer Jagdtreiber den Kaiser und dessen Gefolge bewirteten. Später entstand dort ein Gasthaus für Pfeifenraucher. Im Jahr 1920 übernahm der Vater des heutigen Besitzers das Lokal und führte dort 1926 das Original Budweiser Bier ein. Seit dieser Zeit gehört ein Besuch im Schweizerhaus an einem heißen Sommertag in Wien wie das Bier zur Stelze – beides Spezialitäten des Hauses, darüber hinaus werden weitere deftige Gerichte serviert. Das Lokal ist auch für seine riesigen alten Kastanienbäume im Garten bekannt, in deren Schatten der kalte Gerstensaft gleich doppelt so gut schmeckt. Im Jahr 2004 wählten die Wiener das Schweizerhaus zu ihrem beliebtesten Platz in der Stadt.

Adresse:
Prater 116, 1020 Wien. www.schweizerhaus.at

Öffnungszeiten:
15. März bis 31. Oktober täglich von 11:00 bis 23:00 Uhr.

Erreichbarkeit mit Öffis:
U–Bahn Linie 2, Station Prater-Messe.

Glacis-Beisl im Museumsquartier
(Wien 7, Neubau)

Im Museumsquartier, einem der beliebtesten Aufenthaltsorte der jüngeren kunstinteressierten Generation von Wienern, befinden sich im Außenbereich die Tische und Sesseln mehrerer Lokale: Halle, Kantine oder Dayli. Auf dem gesamten Areal geht es im Freien locker und entspannt zu, wenn die Besucher im Hof Kaffee trinken, Sonne tanken und miteinander plaudern.

Richtig romantisch ist der Gastgarten des Beisels Glacis an der Rückseite des riesigen Kulturareals, denn dort ist es ruhiger und man sitzt unter hohen Kastanienbäumen neben rankenden Pflanzen und plätschernden Brunnen – perfekt als Abschluss eines Besuchs im Museumsquartier. Es gibt Essen aus der Wiener Küche.

Adresse:
Museumsplatz 1 (Zugang Breite Gasse 4), 1070 Wien. www.glacisbeisl.at

Öffnungszeiten:
ganzjährig täglich von 11:00 bis 2:00 Uhr.

Erreichbarkeit mit Öffis:
U–Bahn Linie 2, Station Museumsquartier.

Amerlingbeisl
(Wien 7, Neubau)

Der Schanigarten dieses Lokals liegt am Spittelberg und bietet Biedermeier-Flair pur: Inmitten alter Laubengänge sitzt man unter einem dichten Dach aus Efeu und fühlt sich in dieser Pawlatschen-

Idylle sofort um ein Jahrhundert in die Vergangenheit versetzt. Die Küche zaubert von wienerisch-bodenständigen, über orientalisch-exotischen bis hin zu südländisch-mediterranen Speisen eigentlich alles, was das Herz begehrt. Besonders empfehlenswert: abends ein fruchtiger Cocktail unter dem Sternenhimmel.

Adresse:
Stiftgasse 8, 1070 Wien. www.amerlingbeisl.at

Öffnungszeiten:
ganzjährig täglich von 9:00 bis 2:00 Uhr.

Erreichbarkeit mit Öffis:
Straßenbahn Linie 49, Station Siebensterngasse/Stiftgasse.

Klee am Hanslteich
(Wien 17, Hernals)

Am Hanslteich, der nach seiner ursprünglichen Besitzerin, Magdalena Hansen, benannt und Ende des 19. Jahrhunderts zum Zwecke der Eisgewinnung für Kühlhäuser angelegt wurde, liegt das Speiselokal Klee am Hanslteich. Neben dem romantischen Ausblick auf das von zahlreichen Enten bevölkerte Biotop, den man am besten von der auf Stelzen im Wasser stehenden Terrasse am Waldrand genießt, wird der Gast auch mit diversen kulinarischen Schmankerln aus der modernen Gastronomie erfreut. Im Sommer kann man nach dem Essen eine Bootsfahrt auf dem Gewässer unternehmen (Baden wäre im maximal 1,60 Meter tiefen Wasser möglich, ist aber aufgrund der sumpfigen Beschaffenheit und der Anwesenheit von Krebsen nicht zu empfehlen).

Adresse:
Amundsenstraße 10, 1170 Wien. www.kleeamhanslteich.at

Öffnungszeiten:
ganzjährig täglich von 11:00 bis 24:00 Uhr.

Wien zu zweit

Erreichbarkeit mit Öffis:
Straßenbahn Linie 43, Station Neuwaldegg, ca. 25 Minuten Fußweg
über Neuwaldeggerstraße.

Fischerbräu
(Wien 19, Döbling)

In dem großen, aber trotzdem sehr idyllischen Gastgarten mit altem Baumbestand bekommt man selbst gebrautes Bier serviert, das von dem Betrieb seit 1985 hergestellt wird. Dazu gibt es deftige Schmankerln wie Riesenbrote und Wiener Schnitzel.

Besonders romantisch ist es in der „1. Wiener Gasthofbrauerei" an lauen Sommerabenden, allerdings nur dann, wenn man die Aufmerksamkeit ausschließlich auf den Partner gerichtet hat, da es aufgrund der hohen Besucherzahlen durchaus laut im Biergarten werden kann. Allerdings kann ein gemeinsames „Gäste Mustern und Beobachten" auch Spaß machen.

Adresse:
Billrothstraße 17, 1190 Wien. www.fischerbraeu.at

Öffnungszeiten:
ganzjährig täglich von 15:30 bis 0:30 Uhr.

Erreichbarkeit mit Öffis:
Straßenbahn Linien 37 und 38, Station Glatzgasse.

Einige weitere lauschige Gast- und Schanigärten

Hill, Sieveringer Straße 137, 1030 Wien, ganzjährig Montag bis Samstag von 17:00 bis 1:00 Uhr, Autobus Linie 39A, Station Karthäuserstraße. www-hill-restaurant.at

Mill, Millergasse 32, 1060 Wien, ganzjährig Montag bis Freitag von 11:30 bis 15:00 Uhr und 17:00 bis 24:00 Uhr sowie Sonntag von 11:00 bis 16:00 Uhr, Straßenbahn Linie 5, Station Kaiserstraße/Mariahilfer Straße. www.mill32.at

Fromme Helene, Josefstädter Straße 15, 1080 Wien, ganzjährig täglich von 11:00 bis 24:00 Uhr, Straßenbahn Linie 2, Station Rathaus. www.frommehelene.at

Augustin, Märzstraße 67, 1150 Wien, ganzjährig Sonntag bis Donnerstag von 18:00 bis 0:30 Uhr sowie Freitag und Samstag von 18:00 bis 1:30 Uhr, Straßenbahn Linie 49, Station Huglgasse. www.dasaugustin.at

Mraz & Sohn, Wallensteinstraße 59, 1200 Wien, ganzjährig Montag bis Freitag von 11:00 bis 15:00 Uhr und 18:30 bis 24:00 Uhr, Straßenbahn Linie 5, Station Rauscherstraße. www.mraz-sohn.at

Romantische Altwiener Kaffeehäuser

Das erste Kaffeehaus wurde in Wien im Jahr 1685 von Johannes Theodat in seinem Wohnhaus an der heutigen Adresse Rotenturmstraße 14 eröffnet. Der armenische Händler hatte zum Dank für seine Kurierdienste von Kaiser Leopold I. die Erlaubnis erhalten, 20 Jahre lang als Einziger in Österreichs Hauptstadt Kaffee in Form eines Getränks verkaufen zu dürfen.

Im Laufe der Zeit hat sich das Wiener Kaffeehaus zu einer traditionsreichen Institution entwickelt und ist heute weit mehr als ein Lokal für die Kuchenjause zwischendurch – vor allem für ältere Menschen, die entweder Zeitung lesend allein am Tisch sitzen, zu zweit Schach spielen oder in der Gruppe über die Tagesthemen diskutieren, stellt das Café eine Art zweites Wohnzimmer dar. Man findet im Kaffeehaus aber ebenso über ihren Büchern brütende Studenten, lustige Damenrunden oder Geschäftsleute mit dem Laptop am Tisch; und natürlich auch verliebte Paare, die sich über den mit duftenden Bohnenkaffee gefüllten Tassen tief in die Augen schauen.

Hawelka
(Wien 1, Innere Stadt)

Eines der romantischsten alten Kaffeehäuser Wiens ist das Hawelka, das im Jahr 1939 von Leopold und Josefine Hawelka im ehemaligen Café Ludwig gegründet wurde. In den 1950ern galt das Lokal als beliebter Treffpunkt der Wiener Literaten, später hielten sich im Leseraum, in dem stets dicker Tabakqualm waberte, bekannte Künstler aller Sparten auf. Die Austria Wochenschau schrieb im Jahr 1958: *Hier trifft sich die junge Kunstavantgarde zu nächtlichen Diskussionen.* Und Leopold, selbst ein leiden-schaftlicher Maler, sammelte die Kunstwerke seiner Gäste und schmückte damit sein Lokal.

Bekocht wurden die Besucher des Hawelka von Josefine höchstpersönlich, die ihre Gäste vor allem mit ihren selbst ge-machten Buchteln verwöhnte – der Duft dieser Köstlichkeit, die heute von Sohn Günter zubereitet wird, zog jahrein, jahraus, Tag für Tag, ob es sonnig war, stürmte oder schneite, durch die Räume des gemütlichen Cafés.

Das Ehepaar betrieb das Hawelka gemeinsam ihr ganzes Leben lang. „I wär net der Hawelka ohne mei Frau", äußer-te der sechs Jahre nach seiner Gattin im Jahr 2011 verstorbene Gastronom häufig. Und Josefine, die ihren Leopold stets liebevoll anblickte, wenn sie neben ihm stand, erinnerte sich oft: „Unsere Flitterwochen homa im Kaffeehaus verbracht, und gwohnt homa auch drin, weil a Geld homa jo kanns g'hobt."

Erwähnung fand das Lokal unter anderem in dem Lied „Jö schau" des im Jahr 2007 verstorbenen Austropop-Barden Georg Danzer, in dem er über „einen Nackerten im Hawelka" sang.

Adresse:
Dorotheergasse 6, 1010 Wien. www.hawelka.at

Öffnungszeiten:
ganzjährig Montag bis Samstag von 8:00 bis 1:00 Uhr sowie an
     Sonntagen von 10:00 bis 1:00 Uhr.

Erreichbarkeit mit Öffis:
U–Bahn Linien 1 und 3, Station Stephansplatz.

Prückel

(Wien 1, Innere Stadt)

Für echte Nostalgiker, die den bezaubernden Charme der 1950er-Jahre zu schätzen wissen, ist das Café Prückel mit teilweise noch originalgetreu erhaltenen Einrichtungsgegenständen aus seiner Entstehungszeit genau das Richtige. In dem Lokal an der Ringstraße gibt es neben einer großen Kaffee- und Zeitungsauswahl jeden Montag, Mittwoch und Freitag, von 19:00 bis 22:00 Uhr, Live-Klaviermusik. Darüber hinaus hat die jetzige Besitzerin, Christl Sedlar, die Bühne im Souterrain des Cafés wiedereröffnet. Die hatte einst ihre Großmutter, Therese Palouda, im Jahr 1931 der Theaterleiterin Stella Kadmon zur Verfügung gestellt, die mit dem „Lieben Augustin" (1643–1685) ein Kabarett veranstaltete, das die Ära der politisch-literarischen Kleinkunstbühnen einleitete. Therese Palouda erhielt von der Künstlerin keine Miete, sondern eine Konsumationsbeteiligung. Den Gästen des Prückel wurde damals „Gugelhupf und Satire, Likör und Kitsch, Würstel und Seele" versprochen.

Adresse:
Stubenring 24, 1010 Wien. www.prueckel.at

Öffnungszeiten:
ganzjährig täglich von 8:30 bis 22:00 Uhr.

Erreichbarkeit mit Öffis:
U-Bahn Linie 3 oder Straßenbahn Linie 2, Station Stubentor.

Goldegg
(Wien 4, Wieden)

Bei diesem Altwiener Kaffeehaus, ein Jugendstil-Juwel mit der richtigen Dosis Patina, handelt es sich um einen behutsam renovierten Traditionsbetrieb, der mit viel Liebe zum Detail in die Gegenwart verfrachtet wurde. Einzig die Sitzecken an den Fenstern sind seit Gründung des Lokals nicht verändert worden – und die sind genau richtig für Liebespaare: verwinkelt und eng, sodass man auf alle Fälle nahe beieinander sitzen muss, wenn man dort Platz nimmt. Nach dem Melange oder einer Tasse Tee besteht die Möglichkeit, ein kleines Kräftemessen inklusive Wette mit sexy Einsatz am Billardtisch zu veranstalten. Die Besitzerin des zauberhaften Cafés kommt eigentlich aus der Modebranche und hat auch beim sukzessiven Relaunch des Goldegg ein gutes Händchen für Stil bewiesen.

Adresse:
Argentinierstraße 49, 1040 Wien.

Öffnungszeiten:
ganzjährig Montag bis Freitag von 8:00 bis 20:00 Uhr, Samstag von 9:00
bis 20:00 Uhr sowie Sonntag von 9:00 bis 19:00 Uhr.

Erreichbarkeit mit Öffis:
Straßenbahn Linie D, Station Schloss Belvedere.

Ritter
(Wien 6, Mariahilf)

1867 in einem ehemaligen Sommerpalais in der Amerlingstraße/
Ecke Gumpendorferstraße eröffnet, folgte die Umsiedlung
des Cafés rund 20 Jahre später an den heutigen Standort. Die
Einrichtung der mit hohen, mit Stuckdecken aus der Neorokokozeit
versehenen, Räume und die edle Holzvertäfelung inklusive zahlreicher Spiegel stammen noch aus den 1950ern. Bekannte öster-
reichische Künstler wie Friedrich Adler, Ludwig Anzengruber
und Peter Rosegger zählten schon zu den Stammgästen des beliebten alteingesessenen Wiener Etablissements. Darüber hinaus kehrten im „Ritter" bereits unzählige verliebte Pärchen nach
dem Flanieren auf der Mariahilfer Straße ein, da es sich bei diesem unter Denkmalschutz stehenden Lokal um das letzte echte
Altwiener Kaffeehaus so nahe an der beliebten Einkaufsmeile
handelt.

Adresse:
Schadekgasse/Amerlingstraße, 1060 Wien. www.cafe-ritter.at

Öffnungszeiten:
ganzjährig Montag bis Samstag von 7:30 bis 22:00 Uhr sowie an
Sonntagen von 9:00 bis 21:00 Uhr.

Erreichbarkeit mit Öffis:
U-Bahn Linie 3, Station Neubaugasse.

Hummel
(Wien 8, Josefstadt)

Beim 1935 gegründeten Café Hummel im Herzen der Josefstadt handelt es sich um eines der Urgesteine der Wiener Kaffeehauskultur, das heute in der dritten Generation von einer Hummel namens Christina geführt wird. Nach dem Umbau hat das Lokal ein wenig von seinem Charme verloren, doch die unglaublich große Auswahl an Kaffeekreationen, von klassisch bis modern, ist geblieben. Und es ist einfach schön, zu zweit am Fenster auf einer der gemütlichen Bänke Platz zu nehmen und die vorbeifahrenden Straßenbahnen und das Stadtleben zu beobachten.

Adresse:
Josefstädter Straße 66, 1080 Wien. www.cafehummel.at

Öffnungszeiten:
ganzjährig Montag bis Samstag von 7:00 bis 24:00 Uhr sowie an
    Sonntagen von 8:00 bis 24:00 Uhr.

Erreichbarkeit mit Öffis:
Straßenbahn Linien 2 und 5, Station Albertgasse.

Salettl
(Wien 19, Döbling)

Pavillon und Gastgarten des Salettls (vom italienischen Wort „saletta" = „Sälchen" abstammend, damit wird ein kleines Gartenhaus in Form eines Pavillons bezeichnet), auf einer Anhöhe neben dem Türkenschanzpark gelegen, gehört zu den charmantesten und malerischsten Kaffeehäusern der Stadt. Im Sommer genießt man in einer lauen Sommernacht einen traumhaften Ausblick auf den Kahlenberg, im Winter macht man es sich im Holzhaus gemütlich und fühlt sich, als hätte jemand die Zeit angehalten. Das Lokal, in dunklem Rot gehalten, wird bei Dunkelheit meist ausschließlich von Kerzen erhellt. Neben gutem Kaffee ist hier auch das Wiener Gulasch sehr beliebt, das im Salettl in erster Linie als Katerfrühstück nach einer langen Partynacht verspeist wird.

Adresse:
Hartäckerstraße 80, 1190 Wien. Tel: +43 (0) 1 4792222

Öffnungszeiten:
ganzjährig täglich von 6:30 bis 1:30 Uhr.

Erreichbarkeit mit Öffis:
Autobus Linie 40A, Station Döblinger Friedhof.

Einige weitere traditionelle
Wiener Kaffeehäuser

Sacher, Philharmoniker Straße 4, 1010 Wien, ganzjährig täglich von 8:00 bis 24:00 Uhr, U-Bahn Linien 1, 2 und 4, oder Straßenbahn Linien 1, 2, 62, 71 und D, Station Karlsplatz/Oper sowie Wiener Lokalbahn Endstation Wien Oper. www.sacher. com

Korb, Brandstätte 9, 1010 Wien, ganzjährig Montag bis Samstag 8:00 bis 24:00 Uhr und Sonntag von 11:00 bis 23:00 Uhr, U-Bahn Linie 1, Station Stephansplatz. www.cafekorb.at

Diglas, Wollzeile 10, 1010 Wien, ganzjährig täglich von 8:00 bis 22:30 Uhr, U-Bahn Linie 1 und 3, Station Stephansplatz. www. diglas.at

Central, Herrengasse 17, 1010 Wien, Montag bis Samstag von 7:30 bis 22:00 Uhr und Sonntag ab 10:00 Uhr, U-Bahn Linie 3, Station Herrengasse. www.palaisevents.at

Landtmann, Dr.-Karl-Lueger-Ring 4, 1010 Wien, ganzjährig täglich von 7:30 bis 24:00 Uhr, Straßenbahn Linien 1, 71 und D, Station Burgtheater. www.landtmann.at

Sperl, Gumpendorfer Straße 11, 1060 Wien, Montag bis Samstag von 7:00 bis 23:00 Uhr und Sonntag von 11:00 bis 22:00 Uhr, U-Bahn Linie 2, Station Museumsquartier. www.cafesperl.at

Westend, Mariahilfer Straße 128, 1070 Wien, ganzjährig täglich von 7:00 bis 23:45 Uhr, U-Bahn Linien 3 und 6, Station Westbahnhof, oder Straßenbahn Linie 9, Endstation Westbahnhof. Tel: +43 (0) 1 5233183

Eiles, Josefstädter Straße 2, 1080 Wien, ganzjährig Montag bis Freitag 7:00 bis 23:00 Uhr sowie Samstag und Sonntag von 8:00 bis 23:00 Uhr, U-Bahn Linie 2, Station Rathaus. Tel: +43 (0) 1 4053410

Dommayer, Dommayergasse 1, 1130 Wien, ganzjährig täglich von 7:00 bis 22:00 Uhr, Straßenbahn Linien 58 und 60, Station Dommayergasse. Tel. +43 (0) 1 877 5465–0

Die schönsten Heurigen für Verliebte

Nach einem verträumten Frühlingsspaziergang, ein paar vergnüglichen Stunden im Freibad, einer eifrigen Pilzsuche im Herbstwald oder einer eiskalten Rodelpartie setzen sich viele Wiener gern zu einem Heurigen auf ein Glas leichten Rosé, einen Sommerspritzer, ein Achtel Roten oder eine Tasse Glühwein – je nach Jahreszeit. Dazu gibt es Schmankerl vom Büffet oder deftig Gebratenes. Wenn dabei vielleicht auch noch die typisch wienerische Heurigenmusik, Schrammeln genannt, erklingt, fühlt man sich richtig ausgelassen und zum Schunkeln aufgelegt – auch junge Leute stehen auf diese Art der Unterhaltung, die pure Hingabe an das Leben und die Liebe vermittelt.

Esterházykeller
(Wien 1, Innere Stadt)

Ein Stück historisches Wien findet man in diesem alten Innenstadttheurigen. Laut einer Legende hat man hinter seinen dicken Mauern bereits zur Zeit der Zweiten Türkenbelagerung im Jahr 1683 an die von Fürst Esterházy zur Verfügung gestellten Heerscharen Wein ausgeschenkt. Tatsächlich erhielt Miklós Esterházy erst im Jahr 1808 vom Kaiser die Erlaubnis, im Keller neben seinem Palais eine Buschenschenke einzurichten, er servierte seinen Gästen dort ab diesem Zeitpunkt ungarischen Rebensaft.

Wenn die Gewölbe aus dem 15. Jahrhundert Geschichten erzählen könnten, würden sie über so manche Eheanbahnung, etliche weinselige Streitereien und sehr viel launige Gespräche berichten, ebenso wie über so manchen Künstler, der sich beim bekanntesten Innenstadttheurigen von Wien zu einem seiner Werke inspirieren ließ – wie etwa der Komponist Joseph Haydn, Kapellmeister bei Fürst Esterházy.

In dem geheimnisvollen und dennoch stilvollen Ambiente des Kellergewölbes am Haarhof kann man so manch vertraute Stunden zu zweit verbringen und dabei mit fürstlichem Wein von den heutigen Esterházy-Besitzungen (früher zu Ungarn gehörend) auf ein langes gemeinsames Glück anstoßen.

Adresse:
Haarhof 1, 1010 Wien. www.esterhazykeller.at

Öffnungszeiten:
ganzjährig Montag bis Freitag von 16:00 bis 23:00 Uhr sowie Samstag und Sonntag von 11:00 bis 23:00 Uhr.

Erreichbarkeit mit Öffis:
U–Bahn Linie 3, Station Herrengasse.

Zwölf-Apostelkeller
(Wien 1, Innere Stadt)

Der Ursprung des Hauses, dessen Barockfassade Anfang des 18. Jahrhunderts vom Wiener Baumeister Lucas von Hildebrandt gestaltet wurde, geht auf das Jahr 1339 zurück. Auf drei Kellerebenen in einer Tiefe bis zu 18 Metern, mit einem Gewölbe, dessen Mauerwerk zum Teil aus den Jahren um 1100 stammt, wirkt der Zauber der Vergangenheit. In dem urigen Ambiente des seit 1952 bestehenden Lokals fühlen sich aufgrund der verwinkelten Räume vor allem verliebte Pärchen wohl.

Adresse:
Sonnenfelsgasse 3, 1010 Wien. www.zwoelf-apostelkeller.at

Öffnungszeiten:
ganzjährig täglich von 11:00 bis 24:00 Uhr. Reservierung empfohlen.

Erreichbarkeit mit Öffis:
U-Bahn Linien 1 und 3, Station Stephansplatz.

Zum Gschupften Ferdl
(Wien 6, Mariahilf)

Das Lokal erinnert außen an ein Spiel der ersten Konsolen aus den 1980ern – in großen Pixeln befinden sich rechts und links der Speisekarte die Symbole Pac-Man, Wurst, Laubblatt, Flasche, Wappen, Schinken und Käfer auf der grünen Fassade. Modern, und doch wieder nicht. Die Bar im Innenbereich: eine weiße Pixelwand mit integriertem leuchtendem Schriftzug „Ferdl". Daneben steht eine Silver City Jukebox. Der Rest ist wissentlich schlicht gewählt, die Bierbänke stehen auf einem ausgetretenen Boden, an der Decke baumelt eine alte Heurigenlaterne. Draußen im Raimundhof befindet sich ein süßer kleiner Gastgarten. Stadtheuriger für Kult-Romantiker.

Adresse:

Windmühlgasse 20, 1060 Wien. www.facebook.com/ZumGschupftnFerdl

Öffnungszeiten:
ganzjährig täglich von 9:00 bis 24:00 Uhr.

Erreichbarkeit mit Öffis:
U-Bahn Linie 4, Station Kettenbrückengasse.

Weinstube Josefstadt
(Wien 8, Josefstadt)

Um einen der schönsten Stadtheurigen handelt es sich bei der Weinstube Josefstadt – eine versteckte Grünoase mit bestem

Heurigen-Flair mitten in der Stadt. Vor allem der schattige und auch an heißen Sommertagen kühle Gastgarten stellt eine beinahe filmwürdige Kulisse dar: Man sitzt neben einer alten Hausmauer, mit sich daran emporrankendem wildem Wein, daneben befinden sich ein Springbrunnen und ein herziges Salettl, und erfreut sich an dem idyllischen Plätzchen.

Adresse:
Piaristengasse 27, 1080 Wien. Tel: +43 (01) 1 4064628

Öffnungszeiten:
April bis Dezember, Dienstag bis Sonntag von 16:00 bis 24:00 Uhr.

Erreichbarkeit mit Öffis:
Straßenbahn Linie 2, Station Lederergasse/Josefstädterstraße.

Bierheuriger Gangl
(Wien 9, Alsergrund)

Im riesigen verwinkelten Hof des Alten AKH, der für sich allein schon einen romantischen Spaziergang wert ist, befindet sich der Bierheurige Gangl – ein schlichtes Lokal mit einer rustikalen Einrichtung aus Holz und vielen Nischen für verliebte Paare. Die Ausstattung erinnert ein bisschen an eine Skihütte – weshalb der Wirt zur Zeit des Christkindlmarkts auf dem Areal seine Gäste auch mit Hüttenmusik unterhält und inmitten der Besinnlichkeit ein wenig Aprés-Ski-Stimmung verbreitet.

Adresse:
Alser Straße 4, 1090 Wien. www.gangl.at

Öffnungszeiten:
ganzjährig Montag bis Freitag von 9:00 bis 24:00 Uhr sowie Samstag und Sonntag von 11:00 bis 24:00 Uhr.

Erreichbarkeit mit Öffis:
Straßenbahn Linien 5, 43 und 44, Station Lange Gasse.

Sirbu

(Wien 19, Döbling)

Der Sirbu stellt den höchstgelegenen Heurigen Wiens dar, der Blick auf die Stadt ist daher atemberaubend. Bei dem Gebäude mit altem Weinkeller handelt es sich um ein uraltes Haus, das einst adeligen Damen, danach dem Bürgerspital Wien und vor dem Großvater des heutigen Besitzers dem Stift Kremsmünster gehörte. Abseits des Heurigenbetriebs steht eine romantische Bank im Grünen, auf der man ungestört den Ausblick genießen und mit einem Gläschen Wein auf das gemeinsame Glück anstoßen kann.

Adresse:
Kahlenberger Straße 210, 1190 Wien. www.sirbu.at

Öffnungszeiten:
ganzjährig Montag bis Freitag von 16:00 bis 23:00 Uhr und Samstag von 17:00 bis 23:00 Uhr.

Erreichbarkeit mit Öffis:
Autobus Linie 238, Station Kahlenbergerdorf.

Einige weitere gemütliche Heurigenlokale

Stift St. Peter, Rupertusplatz 5, 1170 Wien, geöffnet laut Heurigenkalender www.wienerheurigen.at, Straßenbahn Linie 43, Station Dornbacher Straße.

Weingut am Reisenberg, Oberer Reisenbergweg 15, 1190 Wien, Info unter 01/320 93 93, Autobus Linie 38A, Station Oberer Reisenbergweg, oder Straßenbahn Linie 38, Station Grinzing. www.weingutamreisenberg.at

Zawodsky, Reinischgasse 3, 1190 Wien, geöffnet laut Heurigenkalender www.wienerheurigen.at, Straßenbahn Linie 38, Station An den langen Lüssen.

Mayer am Pfarrplatz, Pfarrplatz 2, 1190 Wien, ganzjährig Montag bis Freitag 16:00 bis 24:00 Uhr sowie Samstag und Sonntag 12:00 bis 24:00 Uhr. www.pfarrplatz.at

Göbel, Stammersdorfer Kellergasse 131, 1210 Wien, von Mai bis November, Freitag bis Montag von 16:00 bis 24:00 Uhr, Sonntag ab 12:00 Uhr, Autobus Linie 228, Station Stammersdorfer Kellergasse. www.weinbaugoebel.at

Moderne und historische Lokale mit Kultstatus

In Wien wimmelt es vor modernen und historischen Lokalkostbarkeiten, die es zu entdecken gilt. Je nach Alter, Stimmung oder Anlass kann man sich als Paar aussuchen, ob man den romantischen Abend zu zweit in einem bekannten Szene-Gastronomiebetrieb verbringt, oder zusammen in dem geschichtsträchtigen Gastraum eines historischen Stadtgebäudes sitzt – das eine kann schon morgen out sein, das andere war schon gestern nicht mehr hip. Dennoch haben beide Varianten eines gemeinsam: den gegenwärtigen Kultstatus – denn Gegenwart, Vergangenheit und Vergänglichkeit liegen in einer alten Weltstadt nahe beieinander.

Motto am Fluss
(Wien 1, Innere Stadt)

Das Lokal an der Donau, am besten mit Tisch im Freien oder an der verglasten Front mit Blick aufs Wasser – so sieht ein romantischer Abend in Wien, an dem man zum Abschluss gediegen speisen möchte, aus. Serviert wird moderne wie auch traditionelle Kost.

Adresse:
Schwedenplatz/Donaukanal zwischen Marien und Schwedenbrücke, 1010 Wien. www.motto.at

Öffnungszeiten:
ganzjährig täglich von 8:00 Uhr bis 4:00 Uhr (Restaurant von 11:30 bis
    14:30 Uhr und 18:00 bis 2:00 Uhr). Reservierung empfohlen.

Erreichbarkeit mit Öffis:
U–Bahn Linien 1 und 4, Station Schwedenplatz.

Porgy & Bess
(Wien 1, Innere Stadt)

Wiener Jazztempel mit Tradition und guter lateinamerikanischer
Küche, auch wenn man sich in diesem Lokal eher selten wegen
des Essens aufhält – viel mehr steht man dort zu zweit mit dem
Bier in der Hand an der Bar und lauscht aneinander gelehnt der
Live-Musik vom Feinsten, bis die Stunde Mitternacht schlägt.
Danach gibt es aber häufig noch Jam-Sessions, bei welchen vor
allem Newcomer ihr Können unter Beweis stellen wollen. Im
Porgy & Bess gingen schon in den 1950ern, als der Jazzklub noch
„Studio 1" hieß, bekannte Musikergrößen wie Friedrich Gulda
und Joe Zawinul ein und aus.

Manche Lokale besucht man, weil es Spaß macht, andere, weil
man Geschmack hat – das Porgy & Bess erfüllt beide Ansprüche.

Adresse:
Riemergasse 11, 1010 Wien. www.porgy.at

Öffnungszeiten:
ganzjährig täglich von 19:00 bis 24:00 Uhr.

Erreichbarkeit mit Öffis:
U–Bahn Linie 3, Station Stubentor.

Griechenbeisl
(Wien 1, Innere Stadt)

Das im Jahr 1447 eröffnete Griechenbeisl, damals noch ein Wirtshaus mit dem Namen „Zum Roten Dachl", stellt die älteste Gaststätte Wiens dar. In dem Lokal waren bereits zahlreiche Künstler wie Wolfgang Amadeus Mozart, Ludwig van Beethoven, Franz Schubert, Richard Wagner, Johann Strauss, Johannes Brahms, Mark Twain, Franz Grillparzer und Johann Nestroy zu Gast, die sich dort bei Speis und Trank bis in die frühen Morgenstunden unterhielten oder bei einem Glas Wein über Kompositionen oder Texten brüteten. Auch der „Liebe Augustin" hat in dem Lokal bei Kerzenlicht und Alkohol über den Sinn des Lebens nachgedacht und später darüber gesungen. Durch ein Gitter am Eingang erhält man Einblick in die Kellernische, in welcher der berühmte Bänkelsänger, Stehgreifdichter und Sackpfeifer als Puppe noch heute munter weitersäuft. Er befindet sich außerdem als Blechplakette an der Fassade des Gebäudes mit dem Spruch „Hier sang sein Lied zum 1. Mal der liebe Augustin".

Im Sommer sitzen Verliebte im herzigen Schanigarten des Lokals, bei Schlechtwetter oder in der kalten Jahreszeit in einer der historischen Gaststuben, die gemütlich mit viel Holz eingerichtet sind und in denen die Farbe Rot dominiert. Serviert werden traditionelle Wiener Gerichte sowie internationale Speisen.

Adresse:
Griechengasse 9/Fleischmarkt 11, 1010 Wien. www.griechenbeisl.at

Öffnungszeiten:
ganzjährig täglich von 11:00 bis 1:00 Uhr.

Erreichbarkeit mit Öffis:
U–Bahn Linien 1 und 4, Station Schwedenplatz.

Kuppelhalle Naturhistorisches Museum
(Wien 1, Innere Stadt)

Luxus pur empfängt den Gast in der Kuppelhalle des Naturhistorischen Museums in klassischem Ambiente für die dicke Brieftasche. Doch man bekommt für viel Geld auch viel Romantik – und gutes Essen. Besonders empfehlenswert: der kulinarische Mittwoch mit Fisch und Meeresfrüchten aus zertifizierter nachhaltiger Fischerei. Genuss mit ruhigem Gewissen ist gut für die Seele.

Adresse:
Burgring 7, 1010 Wien. www.nhm-wien.ac.at/museum/cafe__restaurant

Öffnungszeiten:
ganzjährig Montag, Donnerstag, Freitag, Samstag und Sonntag von 9:00 bis 18:00 Uhr sowie Mittwoch von 9:00 bis 24:00 Uhr. Reservierung erforderlich.

Erreichbarkeit mit Öffis:
Straßenbahn Linien 1, 2, 46, 49, 71 und D, Station Dr.-Karl-Renner-Ring.

Albertina Passage
(Wien 1, Innere Stadt)

Die Albertina Passage ist eine Mischung aus Dinner-Club, klassischer American Bar und Tanzlokal mit Live-Musik, die sich nahe der Staatsoper in einer ehemaligen Fußgängerunterführung befindet. In dem futuristischen Ambiente, das in den verschiedensten Farben leuchtet, gibt es jede Menge dunkle Nischen, sodass nicht nur Trendsetter, sondern auch Romantik-Fans voll auf ihre Kosten kommen.

Adresse:
Opernring/Operngasse, 1010 Wien. www.albertinapassage.at

Öffnungszeiten:
ganzjährig Montag bis Samstag 18:00 bis 4:00 Uhr. Reservierung empfohlen.

Erreichbarkeit mit Öffis:
U–Bahn Linien 1, 2 und 4, oder Straßenbahn Linien 1, 2, 62, 71 und D,
Station Karlsplatz/Oper sowie Wiener Lokalbahn Endstation Wien
Oper.

Restaurant Marina
(Wien 2, Leopoldstadt)

Es handelt sich um ein klassisches Speiselokal mit bezauberndem
Ambiente – egal, ob man im Sommer auf der Terrasse sitzt, gemeinsam aufs Wasser schaut und den Tag bei einem kühlen Drink
ausklingen lässt, oder sich im Winter am offenen Kamin woh-
lig aneinanderkuschelt. Das Motto des Restaurants, auf dessen
Speisekarte neben Wiener Spezialitäten auch mediterrane, mariti-
me sowie vegetarische Gerichte stehen, lautet nämlich: Jede Zeit
hat ihre Gemütlichkeit.

Adresse:
Handelskai 343, 1020 Wien. www.marina-restaurant.at

Öffnungszeiten:
ganzjährig täglich von 9:00 bis 23:00 Uhr.

Erreichbarkeit mit Öffis:
U–Bahn Linie 3, Station Neubaugasse.

Tel Aviv Beach
(Wien 2, Leopoldstadt)

Wie eine goldene Kugel versinkt die Sonne hinter dem Kahlenberg
und färbt den Himmel in seiner ganzen Breite leuchtend rot.
Die Häuser der Stadt erscheinen davor wie ein schwarzer
Scherenschnitt, der sich mit dem Schauspiel am Himmel in dem

ruhig dahinfließenden Donaukanal spiegelt. An seinem Ufer sitzen die Besucher der Tel Aviv Strandbar an niedrigen Tischen im weichen Sand aus dem Mittelmeer und beobachten die Farbenpracht. Am Tel Aviv Beach mitten in Wien vermischen sich die schönen Sommerabende mit Träumen von fernen Ländern.

Gegründet 2009 anlässlich des hundertjährigen Jubiläums der israelischen Metropole, fungiert das Lokal im Sommer als In- und Szenetreff. Auf rund 1.400 Quadratmetern erwartet die Besucher ein chilliger Strand am Donaukanal mit nationalen und internationalen DJ-Acts, zahlreichen Live-Gigs, Videoübertragungen und Special Events. Dazu gibt es gastronomische Feinheiten, die Multikulti-Köchin Haya Molcho, die Gattin des berühmten Pantomimen Samy Molcho, ausgesucht hat.

Adresse:
Obere Donaustraße 26, 1020 Wien.

Öffnungszeiten:
bei Schönwetter ganzjährig täglich von 12:00 bis 24:00 Uhr.

Erreichbarkeit mit Öffis:
Straßenbahn Linie 31, Station Obere Donaustraße.

Tanzcafé Jenseits
(Wien 6, Mariahilf)

Bei diesem Lokal, in das man nur nach Läuten und Gesichtskontrolle am Schiebefenster eintreten kann, handelt es sich um die bekannteste und wohl samtigste Bar der Stadt, in der man sich in einer etwas düsteren Welt aus rotem Stoff und 1960er-Jahre-Interieur wiederfindet. Entweder man liebt oder hasst die schummrige, etwas morbide Atmosphäre in diesem ehemaligen Puff – dazwischen gibt es nur wenig Spielraum –, die auf Verliebte durchaus sehr anregend wirken kann. Im Jenseits finden regelmäßig auch recht skurrile literarische und musikalische Veranstaltungen statt.

Adresse:
Nelkengasse 3, 1060 Wien. www.tanzcafe-jenseits.com

Öffnungszeiten:
ganzjährig Montag bis Samstag von 21:00 bis 4:00 Uhr.

Erreichbarkeit mit Öffis:
Straßenbahn Linie 40, Station Eckpergasse.

Piaristenkeller
(Wien 8, Josefstadt)

Ein 300 Jahre alter Klosterkeller, jede Menge versteckte Ecken im verschachtelten Gewölbe sowie beste Wiener Küche – das sind die Zutaten, aus denen ein romantischer Abend besteht. Den Grundstein zum Bau des Ordenshauses für die Piaristen, die sich in erster Linie um die Erziehung und Schulbildung von Kindern und Jugendlichen kümmern, legte Kaiser Leopold I. im Jahr 1698, daraus entwickelte sich zu Maria Theresias Zeiten eine Eliteschule für den Adel. Zahlreiche große Persönlichkeiten hielten sich bereits in dem Gemäuer auf, beispielsweise Wolfgang Amadeus Mozart im Jahr 1791, wovon er seiner Frau Constanze in einem Brief berichtete: *Habe recht gut geschlafen und [...] mir mein „Kapaundl" herrlich schmecken lassen.*

Natürlich waren einst auch Sisi und ihr Gatte, Kaiser Franz Joseph I., in dem Kloster zu Gast und speisten dort vorzüglich.

Die Attraktion des Hauses ist ein Besuch des Weinkellers, des Kaiser Franz Joseph Hutmuseums sowie der k. k. Weinschatzkammer.

Adresse:
Piaristengasse 45, 1080 Wien. www.piaristenkeller.at

Öffnungszeiten:
ganzjährig Montag bis Mittwoch sowie Freitag und Samstag von 18:00 bis 24:00 Uhr, Donnerstag 18:00 bis 23:00 Uhr. Reservierung empfohlen.

Erreichbarkeit mit Öffis:
Straßenbahn Linie 5, Station Laudongasse/Kochgasse.

Wien zu zweit

Villa Aurora
(Wien 16, Ottakring)

Die Villa Aurora ist ein Lokal in exponierter Lage am Wilhelminenberg, serviert Essen aus österreichischer Küche in gehobener Preislage und bietet Romantik-Ambiente für die großen Erwartungen. Das zu Kaisers Zeiten als „Gasthaus Predigtstuhl" bekannte Restaurant, das hinter wucherndem Baumgeäst liegt und wie das Dornröschenschloss verträumt vor sich hinzuschlummern scheint, verfügt über einen großen Garten, der durch eine rostige, gusseiserne Pforte zu betreten ist und in dem sich ein Boot und ein hauseigener Eislaufplatz befinden. An kalten Abenden sitzt man im heimeligen Wintergarten, der, wie der Rest des Lokals, stilecht mit schmiedeeisernen Öfen geheizt und hauptsächlich mit Kerzen beleuchtet wird. Fin de Siècle mit Patina oder Wolkenkuckucksheim – auf alle Fälle ein Ort zum Verlieben und um Gefühle zu zeigen.

Adresse:
Wilhelminenstraße 237, 1160 Wien. Tel: +43 (0) 1 4893333

Öffnungszeiten:
ganzjährig täglich von 10:00 bis 24:00 Uhr. Reservierung empfohlen.

Erreichbarkeit mit Öffis:
Autobus Linie 44B, Station Wien Eselstiege, oder 46B, Station Predigtstuhl.

Schutzhaus am Schafberg
(Wien 17, Hernals)

Das hübsche Schutzhaus liegt auf dem Schafberg inmitten einer Kleingartensiedlung, ganz ohne Schi Schi, denn manchmal sind die einfachen Dinge im Leben durchaus zu den nettesten zu zählen. Fast 100 Jahre existiert dieses Lokal nun ganz ohne jedes Aufgebrezel, besticht ausschließlich mit gehobener Wirtshauskultur und guter österreichischer Küche. Im Gastgarten verbreiten kitschig-romantische Lüster und ein paar gemütliche

Sofas eine behagliche Stimmung – wenn nicht gerade sehr viel los ist zumindest.

Adresse:
Czartoryskigasse 190, 1170 Wien. www.schutzhaus-schafberg.at

Öffnungszeiten:
ganzjährig Dienstag bis Samstag von 11:00 bis 23:00 Uhr und Sonntag von 10:00 bis 22:00 Uhr.

Erreichbarkeit mit Öffis:
Straßenbahn Linie 40, Station Eckpergasse.

Einige weitere junge und alte Lokale für Romantiker

Sky-Bar, Kärntner Straße 19, 1010 Wien, ganzjährig Montag bis Freitag von 10:00 bis 1:30 Uhr, Samstag von 9:30 bis 1:30 Uhr und Sonntag von 11:00 bis 1:00 Uhr, U-Bahn Linie 1, Station Stephansplatz. www.skybox.at

Wolke, Kärntner Ring 10, 1010 Wien, ganzjährig täglich von 20:00 bis 5:00 Uhr, U-Bahn Linien 1, 2 und 4, oder Straßenbahn Linien 1, 2, 62, 71 und D, Station Karlsplatz/Oper sowie Wiener Lokalbahn Endstation Wien Oper. www.wolke.at

Anna Sacher, Philharmonikerstraße 4, 1010 Wien, ganzjährig Dienstag bis Sonntag von 12:00 bis 15:00 Uhr und 18:00 bis 24:00 Uhr, U-Bahn Linien 1, 2 und 4, oder Straßenbahn Linien 1, 2, 62, 71 und D, Station Karlsplatz/Oper sowie Wiener Lokalbahn Endstation Wien Oper. www.sacher.com (kulinarik)

Dots – Experimental Sushi, Mariahilfer Straße 103/G7, 1060 Wien, ganzjährig täglich von 17:00 bis 2:00 Uhr, U-Bahn Linie 3, Station Zieglergasse. www.dots-lounge.com

Puff – die Bar, Girardigasse 10, 1060 Wien, ganzjährig Montag bis Samstag von 16:00 bis 2:00 Uhr, U-Bahn Linie 2, Station Museumsquartier. www.puff-bar.at

Das Turm, Wienerbergstraße 7, 1100 Wien, ganzjährig Montag bis Freitag von 12:00 bis 13:00 Uhr und 18:00 bis 22:00 Uhr, Autobus Linie 261, Station Triesterstraße/Altdorferstraße. www.dasturm.at

Strandgasthaus Birner, An der oberen Alten Donau 47, 1210 Wien, ganzjährig täglich von 9:00 bis 23:00 Uhr, Autobus Linie 20B, Station Josef-Melichar-Gasse, oder Straßenbahn Linien 25 und 26, Station Hoßplatz. www.gasthausbirner.at

Ufertaverne, An der oberen Alten Donau 186, 1220 Wien, ganzjährig täglich von 9:00 bis 24:00 Uhr, U-Bahn Linie 1, Station Kagran, oder Straßenbahn, Linie 25, Station Kagraner Brücke. www.ufertaverne.at

Hotels für sinnliche Nächte in Wien

Nicht nur Besucher der schönen Donaumetropole sollten sich den Luxus gönnen, in einer der schönsten Städte der Welt nicht in irgendeiner freudlos und uninspiriert ausgestatteten Unterkunft, sondern in einem hübschen romantischen Hotel zu übernachten. Und besser vier oder fünf Sterne und weich gebettet sein, als wenige Sterne und hart gefedert liegen.

Auch Paare, die zusammen in Wien leben, nehmen sich gerne hin und wieder eine Auszeit vom Alltag und checken über ein Wochenende in einem Vier- beziehungsweise Mehrsternehaus oder aber auch in einer kleinen kuscheligen Pension ein – als kleines Abenteuer zwischendurch, möglicherweise verknüpft mit einem harmlosen Rollenspiel, für den Flirt mit dem eigenen Partner.

Orient
(Wien 1, Innere Stadt)

Das Motto des betörend sinnlichen und etwas verruchten, aber dennoch souverän und nicht schmuddelig wirkenden Hotels, das schon häufig als Filmkulisse für TV-Drehs gedient hat, lautet: Das Orient ist ein Ort, an dem Sehnsüchte gestillt und wieder neu entfacht werden, ein ums andere Mal. Weiter wird über alte Gemälde im Stiegenhaus aus dunklem Holz, durch das man auf roten Teppichen zu seiner Suite schreitet, berichtet, sowie über verschwiegene Wände und erinnerungslose Spiegel: *In ihnen stecken Bekenntnisse aus hundert Jahren, Schwüre und Versprechen, Geschriebenes, Geflüstertes.*

Der Name des Hotels entstand vor langer Zeit, als das Gebäude noch nahe am Wasser gebaut war und der Tiefe Graben einen Nebenarm der Donau darstellte, auf dem Schiffsleute ihre Fracht in die Stadt brachten. Das ehemalige Schankhaus entwickelte sich dabei zum Umschlagplatz für allerlei Güter aus dem Fernen Osten, beispielsweise Gewürze, Stoffe und Schmuck, wodurch es schließlich nach und nach selbst zum „Orient" wurde.

Die Zimmer des Hotels, von rot-samtig mit opulenten Spiegeln, über mosaikbunt-seidig mit märchenhaftem Baldachin bis hin zu gold-brokat mit barocken Putten, symbolisieren bestimmte Vorlieben, beispielsweise Kaisersuite, 1001 Nacht oder Engerl & Bengerl.

Adresse:
Tiefer Graben 30, 1010 Wien. www.hotel–orient.at

Öffnungszeiten:
ganzjährig rund um die Uhr.

Erreichbarkeit mit Öffis:
Straßenbahn Linien 1, 71 und D, Station Börse, oder Linie 1 Station Salztorbrücke.

Römischer Kaiser
(Wien 1, Innere Stadt)

Bei diesem Hotel handelt es sich um eine Unterkunft für Gruselfans, denn es war in der Nacht des 28. auf 29. Juni 1913 Schauplatz eines grausamen Prostituiertenmordes – in den frühen Morgenstunden wurde Maria Schmidt, in ihren Kreisen „reiche Mizzi" genannt, rücklings auf dem Hotelbett liegend und vollständig bekleidet tot aufgefunden. Der Täter konnte nie ermittelt werden, doch man munkelt bis heute, dass damals ein „Vampir" seine Hände im Spiel hatte, da keine nennenswerten Verletzungen am Opfer gefunden worden waren außer Bissspuren am Hals.

Das Verbrechen ist nachweislich im Zimmer mit der Nummer 18 passiert – das heute nicht mehr existiert. Tatsächlich werden einfach nur die Türschilder vertauscht und die Plakette mit der Zahl 18 darauf entfernt worden sein. Somit kann es sich theoretisch bei jedem Raum um den Schauplatz des Mordes handeln.

Adresse:
Annagasse 16, 1010 Wien. www.schlosshotels.co.at

Öffnungszeiten:
ganzjährig rund um die Uhr.

Erreichbarkeit mit Öffis:
U–Bahn Linien 1, 2 und 4, oder Straßenbahn Linien 1, 2, 62, 71 und D,
   Station Karlsplatz/Oper sowie Wiener Lokalbahn Endstation Wien
   Oper.

Kaiserhof
(Wien 4, Wieden)

Dieses Hotel bietet ein spezielles Package für Verliebte, das
man auch verschenken kann. Das Angebot inkludiert eine
Übernachtung in der Romantik-Suite, eine Flasche Champagner
zur Begrüßung, ein Himmelbett mit Rosenblättern dekoriert und
ein kaiserliches Sekt-Frühstück, das auf dem Zimmer eingenommen werden kann. Auf Bestellung gibt es einen Strauß rote Rosen,
Früchte zum gegenseitigen Füttern, Rosen-Badesalz und einiges
mehr, was den Abend zu zweit zum sinnlichen Erlebnis macht.
Darüber hinaus kann auch ein Candle-Light-Dinner in einem
nahe gelegenen Restaurant gebucht werden. Für Abenteuerlustige
gibt es die Passion-Suite, die zusätzlich mit allerlei erotischen
Accessoires ausgestattet ist.

Adresse:
Frankenberggasse 10, 1040 Wien. www.kaiserhof-wien.at

Öffnungszeiten:
ganzjährig rund um die Uhr.

Erreichbarkeit mit Öffis:
Straßenbahn Linien 1 und 62 sowie Wiener Lokalbahn, Station
   Resselgasse oder Paulanergasse.

Brillantengrund
(Wien 7, Neubau)

Klein, aber sehr fein ist das Hotel Brillantengrund. Hier findet der Gast eine Mischung aus jugendlichem Charme, nostalgischem Flair und moderner Gemütlichkeit. Richtig romantisch ist der Gastgarten, der im Sommer das absolute Highlight dieser Unterkunft darstellt: Auf dem mediterran gefliesten Boden stehen kleine runde Tische, bequeme Sofas und filigrane Metallsessel, mittendrunter riesige Palmen und sonnengelbe Schirme, von den Balkonen hängen bunte Blumen und hin und wieder erklingt dort auch rockige Live-Musik. Im Winter ist das gastfreundliche Hotel aber ebenfalls zu empfehlen, da es inmitten eines Viertels mit zahlreichen Galerien, Museen und Geschäften liegt.

In dieser Gegend, früher die Vorstadt Schottenfeld, die 1850 in Wien eingemeindet wurde, befanden sich bis Mitte des 18. Jahrhunderts Felder und Weingärten, danach siedelten sich jedoch immer mehr Erzeuger von Samt und Seidenstoffen an. Um 1800 gab es am Schottenfeld über 300 Fabriken, und aufgrund des in diesem Bereich konzentrierten Reichtums wurde der Vorstadt vom Volksmund die Bezeichnung „Brillantengrund" verpasst.

Adresse:
Bandgasse 4, 1070 Wien. www.brillantengrund.com

Öffnungszeiten:
ganzjährig rund um die Uhr.

Erreichbarkeit mit Öffis:
Straßenbahn Linie 49, Station Westbahnstraße/Zieglergasse.

Altstadt
(Wien 7, Neubau)

Bei dieser Unterkunft handelt es sich um ein interessantes Hotel am Spittelberg mit einer äußerst eigenwilligen Persönlichkeit. Man findet, neben im ganzen Haus platzierten Kunstwerken und interessanten Lichtobjekten, unterschiedlich ausgestattete Zimmer vor – von klassisch mit Stuck an der Decke bis lässig mit modernen Trendmöbeln. In acht Suiten hat der italienische Stararchitekt Matteo Thun die Zeit um die Wende vom 19. zum 20. Jahrhundert, die charakterisiert ist durch Leichtlebigkeit, Todesfaszination, Frivolität und Dekadenz, als die Menschen zwischen Zukunftseuphorie und Lebensüberdruss, Aufbruchsstimmung und Weltschmerz schwankten, wieder aufleben lassen. Diese Räume mit dem erotischen Flair, charakteristisch in dunkler Eleganz mit viel Samt und Seide, eignen sich besonders für Paare, die ihrem Liebesleben einen gewissen Kick verleihen wollen.

Adresse:
Kirchengasse 41, 1070 Wien. www.altstadt.at

Öffnungszeiten:
ganzjährig rund um die Uhr.

Erreichbarkeit mit Öffis:
Straßenbahn Linie 49, Station Siebensterngasse/Kirchengasse.

Einige weitere Unterkünfte für verliebte Paare

Sans Souci, Burggasse 2, 1070 Wien, ganzjährig täglich von 20:00 bis 5:00 Uhr, U-Bahn Linien 2 und 3, Station Volkstheater. www.sanssouci-wien.com

Parkhotel Schönbrunn, Hietzinger Hauptstraße 10–16, 1130 Wien, ganzjährig rund um die Uhr, U-Bahn Linie 4 oder Straßenbahn Linie 58, Station Hietzing. www.austria-trend.at

Boutiquehotel Stadthalle, Hackengasse 20, 1150 Wien, ganzjährig rund um die Uhr, Straßenbahn Linien 9 und 49, Station Beingasse. www.hotelstadthalle.at

Geheimtipps von Wien-Kennern

Auch in einer Weltstadt wie Wien, die jährlich rund 13 Millionen Besucher willkommen heißt, gibt es noch einige Gastronomiebetriebe und Unterkünfte, die kaum jemand kennt, die noch total unterlaufen und touristisch unerschlossen sind. Und gerade bei diesen häufig im Verborgenen befindlichen und gar nicht um Anerkennung kämpfenden Betrieben, irgendwo im Inneren der Metropole, handelt es sich um die bezauberndsten Innenhof-Gastgärten, verschrobensten Kaffeehäuser oder skurrilsten Bars der Stadt, die fast ausschließlich von Stammgästen bevölkert sind. Ein paar dieser Kleinode wurden bereits entdeckt, einige werden sicher noch gefunden, doch ein paar bleiben vermutlich auf ewig unsichtbar – fast so, als würden sie sich in einem Paralleluniversum befinden.

Le Ciel
(Wien 1, Innere Stadt)

Der süße Franzose auf der wunderschönen Terrasse des Grand Hotels über den Dächern Wiens begeistert seine Gäste mit einem romantischen Aufenthalt inmitten eines Blumen- und Kräutergartens sowie Speisen aus der französischen wie auch heimischen Küche. Im Innenbereich des Lokals weht der Hauch der Vergangenheit, die Einrichtung präsentiert sich im schwülstigen Stil des Barock, einige Ecken sind recht dunkel – genau richtig für verliebte Paare, die nicht von jedermann gesehen werden wollen und sich in ihrer eigenen Welt befinden. Zur nostalgisch-verklärten Stimmung trägt außerdem der Pianist bei, der typische Restaurantmusik von vergangenen Tagen spielt.

Adresse:

Kärntner Ring 9, 1010 Wien. www.leciel.at

Öffnungszeiten:

ganzjährig Montag bis Samstag von 12:00 bis 14:30 Uhr und 19:00 bis
22:45 Uhr. Reservierung empfohlen.

Erreichbarkeit mit Öffis:

U–Bahn Linien 1, 2 und 4, oder Straßenbahn Linien 1, 2, 62, 71 und D,
Station Karlsplatz/Oper sowie Wiener Lokalbahn Endstation Wien
Oper.

König von Ungarn

(Wien 1, Innere Stadt)

Das vermutlich älteste Hotel der Stadt Wien scheint bereits im
16. Jahrhundert als Besucherhaus samt Stallungen für Gäste des
Bischofs und andere Würdenträger auf. In einer Wiener Zeitung
wird die Unterkunft erstmals 1746 erwähnt. Etwa zu diesem
Zeitpunkt erhielt sie auch ihren Namen, weil dort damals über
Jahrzehnte hinweg vor allem ungarische Aristokraten während
ihrer Wien-Aufenthalte logierten. Besonders zauberhaft ist das
überglaste Atrium mit einem Flair, das an einen spanischen Patio
erinnert und den Gästen als Aufenthaltsort und Kaffeehaus dient.

Zum Hotel gehört das Restaurant im nebenliegenden
„Figarohaus" (Schulerstraße 8), in dem Mozart von 1784 bis
1787 in einer Nobelwohnung um 450 Gulden Jahresmiete wohnte
und hier die Oper „Die Hochzeit des Figaro" schrieb.

Adresse:

Schulerstraße 10, 1010 Wien. www.kvu.at

Öffnungszeiten:

ganzjährig Montag bis Samstag von 12:00 bis 23:00 Uhr und Sonntag
von 18:00 bis 23:00 Uhr.

Erreichbarkeit mit Öffis:

U–Bahn Linie 1, Station Stephansplatz.

Wien zu zweit

Zum Schwarzen Kameel

(Wien 1, Innere Stadt)

Das „Schwarze Kameel", ein Lokal mit echtem Kultstatus, wurde bereits im Jahr 1618 gegründet, wobei man das Haus, in dem es sich einst befand, im 19. Jahrhundert abgerissen und zu Beginn des 20. Jahrhunderts neu erbaut hat. Aus dieser Zeit stammen auch die dunkle Holzvertäfelung und das Jugendstil-Mobiliar des Restaurants, in dem vorwiegend traditionelle Gerichte serviert werden. Verliebte Paare können sich nach dem Essen in die Bar zurückziehen, in der Menschen aller sozialer Schichten aufeinandertreffen, um dort den Tag zur Nacht zu machen. Zum Bier, Wein oder Champagner werden hier belegte Brötchen, teilweise mit sehr skurrilen Zutaten, kredenzt. Das Lokal verfügt zudem über einen herzigen Schanigarten mit Tischen für je zwei Personen, der an kühlen Tagen oder Abenden mit Heizstrahlern auf Wohlfühltemperatur gebracht wird.

Adresse:
Bognergasse 5, 1010 Wien. www.kameel.at

Öffnungszeiten:
ganzjährig täglich von 8:00 bis 24:00 Uhr. Reservierung erbeten.

Erreichbarkeit mit Öffis:
U–Bahn Linie 3, Station Herrengasse.

Süssi – Salon de thé

(Wien 4, Wieden)

Opulent dekorierte Schaufenster, prunkvolle Biedermeier-Einrichtung mit gigantischem Kristalllüster im Puppenstubenstil, ein Interieur aus Stuck und Gold, filigrane samtbezogene Stühle, kleine Engel, das goldgerahmte Konterfei der Kaiserin Sisi – das alles macht den Charme der französischen Konditorei aus, die bestens geeignet ist für intime Stunden zu zweit. Französischer Kitsch trifft auf Monarchie-Nostalgie. Das Süssi, ein echtes Naschkatzen-Paradies, strahlt inmitten all der modern-hippen

Läden in der Operngasse eine seltsame Unvergänglichkeit aus, als wäre es schon immer da gewesen und ewig bestehen.

Adresse:
Operngasse 30, 1040 Wien. www.suessi.at

Öffnungszeiten:
ganzjährig Dienstag bis Sonntag von 11:00 bis 21:00 Uhr.

Erreichbarkeit mit Öffis:
Straßenbahn Linien 1 und 62 sowie Wiener Lokalbahn, Station Resselgasse.

Triest/Collio
(Wien 4, Wieden)

Dieses interessante Hotel für Kenner präsentiert sich dem Besucher als Überraschungsnuss: außen schmucklos-fad, innen entzückend-aufregend. Im Kern des Triest liegt ein versteckter, italienischer Garten, in dem man von der Außenwelt total abgeschottet und ganz für sich alleine ist. Im dort befindlichen Restaurant Collio bekommt man zwischen Blumen und 30 Jahre alten Olivenbäumen frische mediterrane Speisen serviert. Angeblich steigt auch Robbie Williams gerne im Triest ab, wenn er in Österreich gastiert.

Adresse:
Wiedner Hauptstraße 12, 1040 Wien. www.dastriest.at

Öffnungszeiten:
ganzjährig rund um die Uhr (Restaurant Collio: Montag bis Freitag 12:00 bis 14:00 Uhr und 18:30 bis 22:00 Uhr sowie Samstag von 18:00 bis 22:00 Uhr).

Erreichbarkeit mit Öffis:
Straßenbahn Linien 1 und 62 sowie Wiener Lokalbahn, Station Paulanergasse.

Shanghai Tan
(Wien 6, Mariahilf)

Den ganz speziellen Romantik-Kick holt man sich im Unterge-schoß des Szene-Asiaten, wo man beim Speisen in Kojen (ohne Schuhe!) auf Polstern sitzt. Sehr rot-gold, sehr schummrig, sehr intim, sehr charmant. Im selben Lokal befindet sich auch eine Bar im selben Ambiente – wie geschaffen für einen ganz besonderen Abend zu zweit.

Adresse:
Gumpendorfer Straße 9, 1060 Wien. www.shanghaitan.at

Öffnungszeiten:
ganzjährig Montag bis Samstag von 11:30 bis 15:00 Uhr und 18:00 bis 2:00 Uhr. Reservierung erforderlich.

Erreichbarkeit mit Öffis:
U-Bahn Linie 3, Station Museumsquartier.

Yak + Yeti
(Wien 6, Mariahilf)

Der Garten des nepalesischen Restaurants gleicht einem Paradies, das sich in einem der zahlreichen von außen unsichtbaren Wiener Innenhöfe versteckt. Zwischen den Bäumen hängen Gebetsfahnen vom Himalaja, vor den Tischen stehen buddhistische Gebets-Mühlen und Stupa-Steine. Serviert wird, wie in Nepal, auf Messing-Tellern. Besonders romantisch ist der Besuch dieses Shambala-Gartens am Abend, wenn die Laternen leuchten.

Adresse:
Hofmühlgasse 21, 1060 Wien. www.yakundyeti.at

Öffnungszeiten:
ganzjährig Montag bis Freitag von 12:00 bis 14:00 Uhr und 18:30 bis 22:30 Uhr.

Erreichbarkeit mit Öffis:
U-Bahn Linie 4, Station Pilgramgasse.

Rote Bar
(Wien 7, Neubau)

In der tatsächlich rotesten Bar der Stadt, angesiedelt im 1889 gegründeten Volkstheater, treffen Verliebte, Nachtschwärmer und Künstler aufeinander, zum Entspannen, Genießen und Diskutieren. Zwischen Marmor, Stuck und Samt sitzt man Händchen haltend zusammen, berieselt von sanfter Musik, oder man besucht gemeinsam eine der angebotenen Veranstaltungen, beispielsweise Tanzvorführungen, Clubbings, Literaturevents oder Kabarett.

Adresse:
Neustiftgasse 1, 1070 Wien. www.volkstheater.at (spielstaetten)

Öffnungszeiten:
ganzjährig täglich von 22:00 bis 1:00 Uhr.

Erreichbarkeit mit Öffis:
Straßenbahn Linie 46, Station Schmerlingplatz oder Auerspergstraße.

Tobmann
(Wien 7, Neubau)

Auf den ersten Blick ein unscheinbares Kaffeehaus mit 1970er-Jahre-Flair, auf den zweiten befindet sich im Innenhof eine bezaubernde Ruheoase, die von einem alten schmiedeeisernen Zaun umgeben ist, nur einige Schritte von der belebten Mariahilfer Straße entfernt – Idylle pur, mit duftenden und dschungelartig wuchernden Pflanzen, knirschendem Kies und einem plätscherndem Springbrunnen. Besucht man dieses Café, kann es gut sein, dass man mit seinem Schatz allein im Garten sitzt, weil kaum jemand vermutet, dass es so ein Lokal mitten im schnelllebigen und häufig stressigen Bezirk Neubau überhaupt gibt.

Adresse:
Zieglergasse 13, 1070 Wien. Tel. +43 (0) 699 17990707

Öffnungszeiten:
ganzjährig Montag bis Samstag von 6:00 bis 21:00 Uhr und Sonntag von 7:00 bis 19:00 Uhr.

Erreichbarkeit mit Öffis:
U–Bahn Linie 3, Station Zieglergasse.

Verdi
(Wien 8, Josefstadt)

Beim Restaurant Verdi handelt es sich um genau die Pizzeria, die ein verliebter Mann seiner Angebeteten als Treffpunkt für das erste Date vorschlägt und der sich infolgedessen zum Stammlokal dieses Paares entwickelt. Eine kleine Treppe führt hinunter in das gedämpft beleuchtete, heimelige Lokal, in dem Film- und Opernplakate an den Wänden hängen, leise klassische Musik erklingt und der verführerische Duft von frisch gebackener Pizza die Räume durchzieht. Das Verdi muss man allerdings erst einmal finden, da es keine Werbung macht, stattdessen auf die altbewährte Mundpropaganda setzt. Wer diese Pizzeria allerdings entdeckt hat, bleibt ein treuer Stammgast.

Adresse:
Lange Gasse 16, 1080 Wien. www.verdi.at

Öffnungszeiten:
ganzjährig täglich von 17:00 bis 24:00 Uhr.

Erreichbarkeit mit Öffis:
Straßenbahn Linie 46, Station Auerspergstraße.

Josefinenhütte
(Wien 19, Döbling)

Die Josefinenhütte, auch „Hütte am Weg" genannt, liegt auf der Höhenstraße zwischen Kahlenberg und Leopoldsberg. Es handelt sich dabei um ein wildromantisches Gasthaus mit zeitgenössischer österreichischer Küche. Verliebte genießen im Garten die wundervolle Aussicht – im Winter mit Decken, Glühwein und kleinen Heizöfen –, oder sitzen in der urigen Stube bei Kerzenschein und einem ganz außergewöhnlichen Ambiente. Die Josefinenhütte zeichnet sich vor allem durch ihre originale Einrichtung, die man am ehesten als retro-modern bezeichnen kann, aus und gilt als innenarchitektonische Rarität.

Adresse:
Josefsdorf 47, 1190 Wien. www.josefinenhuette.at

Öffnungszeiten:
ganzjährig täglich von 9:30 bis 21:00 Uhr, Sonntag bis 19:00 Uhr.

Erreichbarkeit mit Öffis:
Autobus Linie 38A, Station Am Kahlenberg.

Sichuan
(Wien 19, Döbling)

Die bezaubernde und exotische Rarität liegt inmitten der Strandbäder an der Alten Donau – ein riesiger original chinesischer Garten, errichtet von einem Handwerkerteam aus der Provinz Sichuan. Gespeist wird hier mit Blick auf Teich, Springbrunnen, Felsen, Holzbrücke und Ahornbäume, eingebettet in einen idyllischen Bambushain. Auch die Küche ist 100 Prozent original – chinesischer und zugleich romantischer geht es nicht.

Adresse:
Arbeiterstrandbadstraße 122, 1220 Wien. www.sichuan.at

Öffnungszeiten:
ganzjährig täglich von 11:30 bis 14:30 Uhr und 17:30 bis 23:00 Uhr.
Reservierung empfohlen.

Erreichbarkeit mit Öffis:
U–Bahn Linie 1, Station Alte Donau.

Einige weitere verstecke Lokal-Perlen für verliebte Entdecker

Café Bendl, Landesgerichtsstraße 6, 1010 Wien, ganzjährig täglich von 6:00 bis 2:00 Uhr, U-Bahn Linie 2 und Straßenbahn Linie 2, Station Rathaus. https://bendl.wordpress.com

Pessoa Lounge, Favoritenstraße 7, 1040 Wien, ganzjährig Montag bis Donnerstag von 8:00 bis 23 Uhr sowie Freitag und Samstag von 8:00 bis 2:00 Uhr, U-Bahn Linie 1, Station Taubstummengasse. www.pessoalounge.com

Silberwirt, Schloßgasse 21, 1050 Wien, ganzjährig täglich von 12:00 bis 24:00 Uhr, U-Bahn Linie 4, Station Pilgramgasse. www.silberwirt.at

Schwarze Katze (Griechisches Restaurant), Girardigasse 6, 1060 Wien, ganzjährig Dienstag bis Sonntag 18:30 bis 1:00 Uhr, U-Bahn Linie 4, Station Kettenbrückengasse. www.schwarzekatze.at

Schnattl, Lange Gasse 40, 1080 Wien, ganzjährig Montag bis Freitag von 18:00 bis 24:00 Uhr, Straßenbahn Linie 2, Station Rathaus oder Lederergasse/Josefstädterstraße. www.schnattl.com

Nemtoi, Auerspergstraße 9, 1080 Wien, ganzjährig Montag bis Samstag von 11:00 bis 14:00 Uhr und 18:00 bis 23:00 Uhr, Straßenbahn Linie 2, Station Rathaus. www.thelevante.com

Flein, Boltzmanngasse 2, 1090 Wien, ganzjährig Montag bis Freitag von 11:30 bis 15:00 Uhr und 17:30 bis 23:30 Uhr, Straßenbahn Linie 2, Station Rathaus. Tel: +43 (0) 1 3197689

Freyenstein, Thimiggasse 11, 1180 Wien, ganzjährig Dienstag bis Samstag von 18:00 bis 24:00 Uhr, Straßenbahn Linien 9 und 40, Station Schöffelgasse. www.freyenstein.at

Mraz & Sohn, Wallensteinstraße 59, 1200 Wien, ganzjährig Montag bis Freitag von 11:00 bis 15:00 Uhr und 18:30 bis 24:00 Uhr, Straßenbahn Linien 38 und 41, Station Sensengasse. www.mraz-sohn.at

Fünf mögliche Romantik-Routen durch die Stadt

Auf irren Pfaden ohne Ende
schritt ich dahin in banger Qual,
mich führten deine lieben Hände.
Ich sah am Horizont, daß fahl
Ein schwacher Schein der Hoffnung glimme,
dein Auge war der Morgenstrahl.
Ermut'gend durch die Nacht, die schlimme,
kam nur der eig'nen Schritte Klang:
Geh weiter, sagte deine Stimme.
Mein Herz, so düster und so bang,
es weite still in bitt'rem Leide,
die Liebe, die den Sieg errang,
hat uns geeint in sel'ger Freude!
PAUL VERLAINE, FRANZÖSISCHER LYRIKER, 1844–1896

Möchte man sich nicht seine eigenen Wege durch die Stadt bahnen und einfach ins Blaue hinein auf Entdeckungsreise gehen, kann man auch vorgegebenen Routen folgen, von welchen jede für sich – und doch jede auf eine andere Art – eine romantische Seite besitzt, die sich mehr oder weniger offensichtlich präsentiert.

Folgend fünf spannende Möglichkeiten, gemeinsam mit dem Partner die malerischsten Orte Wien zu erforschen, am besten mit diesem Buch in der Hand, um ihren Zauber nicht nur zu spüren, sondern mit Hintergrundwissen zu untermauern – häufig ist es nämlich nicht nur die idyllische Umgebung, die einen Platz für Liebende so besonders macht, sondern das, was sich dort zugetragen hat.

1. „Before Sunrise" – auf den Spuren von Jesse und Celine

Die romantische Liebeskomödie handelt von dem US-Amerikaner Jesse (Ethan Hawke), der auf seiner Zugreise von Budapest nach Wien die Französin Celine (Julie Delpy) kennenlernt und mit ihr einen Tag und eine Nacht in der österreichischen Hauptstadt verbringt.

Start: Westbahnhof (Europaplatz 2, 1150 Wien).
Jesse: „Du solltest auch hier in Wien aus dem Zug steigen und mit mir die Stadt erkunden!"
Weiter mit U-Bahn Linie 3 (Westbahnhof – Landstraße).

Station 1: Zollamtssteg (über Wienfluss auf Höhe Vordere Zollamtsstraße 3, 1030 Wien),
weiter mit Straßenbahn Linie 1 (Julius-Raab-Platz – Schottentor).
Celine (in der Straßenbahn): „Was ist dein Problem?"
Jesse: „Du!"

Station 2: Votivkirche (Rooseveltplatz, 1090 Wien),
weiter mit Straßenbahn Linie D (Schottentor – Burgring).

Station 3: Teuchtler Schallplattenladen und Antiquariat (Windmühlgasse 10),
weiter ca. zehn Minuten zu Fuß.

Station 4: Maria-Theresien-Denkmal (Maria-Theresien-Platz, 1010 Wien),
weiter mit U-Bahn Linie 3 (Volkstheater – Enkplatz) und Autobus Linie 76A (Enkplatz – Biomull-Werk).

Station 5: Friedhof der Namenlosen (Alberner-Hafenzufahrts-straße/Molostraße B, 1110 Wien, siehe Seite 165),

weiter mit Autobus Linie 76A (Alberner-Hafenzufahrtsstraße – Donaumarina) und U-Bahn Linie 2 (Donaumarina – Praterstern).

Station 6: Prater/Riesenrad (Oswald-Thomas-Platz, 1020 Wien, siehe Seite 145).

Erster Kuss!

Weiter mit U-Bahn Linie 1 (Praterstern – Stephansplatz).

Station 7: Café am Franziskanerplatz (1010 Wien, siehe Seite 138).

Handleserin: „Ihr seid beide etwas ganz Besonderes, ver-gesst das nicht!"

Weiter mit Autobus Linie 1A (Stephansplatz – Schwertgasse).

Station 8: Kirche Maria am Gestade (Salvatorgasse 12, 1010 Wien),

weiter mit Straßenbahn Linie 2 (Schwedenplatz – Julius-Raab-Platz).

Station 9: Donaukanal (1020 Wien, siehe Seite 50).

Celine: „Ich bin so froh, dass niemand weiß, dass ich hier bin!"

Weiter mit Straßenbahn Linie 2 (Julius-Raab-Platz – Johann-Nepomuk-Berger-Platz) und Straßenbahn Linie 44 (Teichgasse – Liebknechtgasse).

Station 10: Arena (Baumgasse 80, 1030 Wien),

weiter mit U-Bahn Linie 3 (Wien Erdberg – Herrengasse).

Station 11: Mölker Steig (1010 Wien, siehe Seite 67),

weiter mit Straßenbahn Linie 71 (Mölker Steig – Dr.-Karl-Renner-Ring) und Autobus Linie 48A (Dr.-Karl-Renner-Ring – Volkstheater).

Station 12: Spittelberg (1070 Wien, siehe Seite 126),
weiter mit U-Bahn Linie 2 (Volkstheater – Museumsquartier).

Station 13: Café Sperl (Gumpendorfer Straße 11, 1060 Wien),
weiter mit Straßenbahn Linie D (Burgring – Kärntner Ring/Oper).

Station 14: Albertina (Albertinaplatz 1, 1010 Wien).
Celine: „Ich glaube, ich könnte mich wirklich verlieben, wenn ich alles über jemanden weiß."
Weiter mit Autobus Linie 59A (Kärntner Ring/Oper – Bärenmühlendurchgang).

Station 15: Roxy (Faulmanngasse 2, 1040 Wien),
weiter mit Straßenbahn Linie 62 (Resselgasse – Karlsplatz).

Station 16: Wiese hinter Palais Schwarzenberg (Schwarzenbergplatz 9, 1030 Wien).
„Warum mache ich alles so kompliziert?"
Weiter mit Straßenbahn Linie D (Gußhausstraße Dr.-Karl-Renner-Ring) und U-Bahn Linie 3 (Volkstheater – Westbahnhof).

Ende: Westbahnhof.
Jesse und Celine verabreden am Bahnsteig, sich in exakt sechs Monaten am selben Ort wieder zu treffen.

2. Der Klassiker für Romantiker: die Fiakerfahrt

Der Fiaker ist aus dem Stadtbild von Wien nicht mehr wegzudenken – doch kaum jemand weiß, wie sich dieses Gefährt in Österreich etablierte.

1707 wurde Prinz Eugen Feldmarschall und Berater von Kaiser Karl VI. – zu dieser Zeit baute er gerade sein Winterpalais in der Wiener Innenstadt und sah täglich, wie es zuging auf Wiens Straßen: Es gab ein ständiges Durcheinander und Konkurrenz zwischen den Sesselträgern, für die seit 1703 die erste „Tragsesselordnung" galt, die Gebühren und Beförderungsbedingungen regelte. Und auch die etwa 700 Lohnkutscher kannten nur Chaos. Für einen Feldherrn war das allerdings kein Problem. Prinz Eugen wusste, wie man Abläufe strukturiert und Ordnung schafft. Außerdem hatte er die Lösung bereits in Paris gesehen. Dort gab es in der Rue de Saint Fiacre den ersten Standplatz für Lohnkutscher, der seit 1662 bestand. So wurde noch im selben Jahr die erste Fiaker-Lizenz (die Gefährte wurden dabei nach der Straße in Paris benannt) in Wien ausgegeben.

Daher hält noch heute jeder Kutscher während der Rundfahrt durch die Innenstadt vor dem Denkmal des Feldherrn – als kleine Reverenz an Prinz Eugen.

Standplätze befinden sich auf dem Michaeler-, Stephans-, Helden- und Petersplatz, vor dem Schloss Schönbrunn, der Albertina und dem Burgtheater. Es gibt kleine und große Rundfahrten mit zahlreichen Sehenswürdigkeiten auf dem Weg sowie eine Heurigentour nach Grinzing. Darüber hinaus können die Gefährte zu besonderen Anlässen, wie etwa bei einer Hochzeit, samt feierlich gekleidetem Kutscher gebucht werden.

Am romantischsten ist die Fiaker-Fahrt mit dem Schatz abends im Winter, wenn die weiße Schneedecke auf den Dächern im Laternenlicht glitzert und man, in ein flauschiges Fell gehüllt, gemeinsam kleine Atemwölkchen in die kalte Luft haucht, während die Hufe rhythmisch über den Asphalt klappern.

Empfehlung (aufgrund immer noch unzumutbarer Bedingungen für die Kutschenrösser): Wien lässt sich auch hervorragend vom Sattel aus erkunden, allerdings nicht auf dem Rücken eines Pferdes, sondern auf einem Fahrrad. Das Radwegnetz der Stadt ist rund 1.260 Kilometer lang, es existieren zahlreiche Themen- sowie Sightseeing-Routen. Citybikes können rund um die Uhr an über 110 Stationen entliehen und zurückgegeben werden. Und zusammen sporteln und sich danach ausgepowert gemeinsam entspannen kann auch romantisch sein!

3. Die schönsten Innenhöfe Wiens

Dieser Fußweg durch die Innere Stadt führt zu den schönsten und romantischsten Innenhöfen Wiens. Die Länge des Marsches, bei dem man ein bis zwei Pausen inklusive kulinarischer Stärkung einbauen sollte, beträgt 2,5 Kilometer und dauert inklusive Besichtigungszeiten etwa zwei Stunden. Siehe für nähere Beschreibungen der einzelnen Stationen „Verträumtes Winkelwerk und zauberhafte Innenhöfe im historischen Stadtkern" (Seite 111) sowie „… und weitere romantische Gassen und Innenhöfe im Zentrum" (Seite 116). Endstation ist der *Stadtheurige Gigerl,* bei dem man den Tag bei einem Glas Wein gemütlich ausklingen lassen kann.

Start: Stephansplatz
Station 1: Zwettlhof (Stephansplatz 6)
Station 2: Erzbischöfliches Palais (Eingang: Wollzeile 6)
Station 3: Schmeckender-Wurm-Hof (Eingang: Lugeck 5)
Station 4: Heiligenkreuzerhof (Schönlaterngasse 5)
Station 5: Basiliskenhaus (Schönlaterngasse 7)
Station 6: Häuser Bäckerstraße 2, 4, 7, 10 und 12
Station 8: Häuser Domgasse 2 und 6
Station 9: Haus Grünangergasse 1
Station 10: Häuser Blutgasse 3 sowie 5–9
Station 11: Häuser Singerstraße 7, 16 und 22
Station 12: Haus Franziskanerplatz 6
Station 13: Häuser Weihburggasse 14, 16, 21 und 22
Ende: Stadtheuriger Gigerl (Blumenstockgasse 2, 1010 Wien)

4. Eine Bim-Rundfahrt

Wer nicht gehen will, der fährt – dieses Mal nicht mit dem Rad, sondern mit einem öffentlichen Verkehrsmittel. Und zwar beispielswiese mit der 5er-Bim oder dem D-Wagen – besonders diese beiden Linien verbinden die schönsten und idyllischsten Plätze von Wien. Auch die 71er-Linie, wegen ihrer Endstation Zentralfriedhof auch „Gießkannen-Express" genannt, verbindet einige sehr schöne Punkte der Stadt. Einfach irgendwo in die Bahn, in Wien auch Tramway oder Elektrische genannt, einsteigen und die Reise genießen. Besonders schön und total romantisch ist eine Fahrt spät abends oder nachts über den Ring, wenn die imposanten Bauwerke auf dieser Strecke in ihrer Beleuchtung hell erstrahlen oder Ende des Jahres die Lichter vom Christkindlmarkt vor dem Rathaus bunt in der Dunkelheit glitzern.

Oder Sie buchen eine klassische Touristen-Runde mit der *Vienna Ring Tram* rund um den Ring mit seinen imposanten Prachtbauten. (Tickets für die rund 25 Minuten lange Fahrt erhalten Sie direkt in den Vienna Ring-Straßenbahnen oder buchen Sie vorab. Informationen unter: Tel: +43 (01) 7909–121). Ein- und Ausstiegsstelle der Vienna Ring Tram ist am Schwedenplatz. Abfahrt ist von 10:00 bis 17:30 Uhr zu jeder halben und vollen Stunde.

Eine weitere Möglichkeit, die Stadt zu erkunden, ist die, einen Tag lang mithilfe der öffentlichen Verkehrsmittel eine Tour zu machen, bei der man sich ganz gezielt auf nur eine Sache konzentriert – etwa auf das leibliche Wohl. Zum Beispiel verbindet die U-Bahn Linie 1 alle großen und bekannten Eissalons der Stadt, sozusagen die „Créme de la Créme".

U-Bahn-Station Schwedenplatz:
> Eis-Greissler (Rotenturmstraße 14, 1010 Wien).
> Gelateria Castelletto (Rotenturmstraße 24, 1010 Wien).
> Eissalon am Schwedenplatz (Franz-Josefs-Kai 17, 1010 Wien).

U-Bahn-Station Stephansplatz:
Zanoni & Zanoni (Am Lugeck 7, 1010 Wien).

U-Bahn-Station Reumannplatz:
Tichy (Reumannplatz 13, 1100 Wien).

5. Unterwegs mit Kaiserin Sisi

Auch wenn Experten von einer unglücklichen Frau, Tränen in der Nacht und einem in der Ehe einsamen Monarchen sprechen, gelten Sisi und Franz Joseph als eines der romantischsten Liebespaare der Geschichte und Wiens. Zu Beginn ihrer Ehe waren sie sehr glücklich miteinander.

Vor allem die Kaiserin ist auf der ganzen Welt beliebt und zählt zu den bekanntesten Persönlichkeiten der Vergangenheit. Kein Wunder, dass man in der Stadt kaum einen Schritt machen kann, ohne dabei in Sisis Fußspuren zu treten, und es hinter jedem Eck einen Platz gibt, an welchem sich Ihre Majestät aufgehalten hat, wenn sie sich nicht gerade auf Reisen befand.

Start: Schloss Schönbrunn (Schönbrunner Schloßstraße 47, 1130 Wien, siehe Seite Seite 77).

In der herrschaftlichen Sommerresidenz bewohnten Sisi und Franz Joseph insgesamt 20 Räume, die besichtigt werden können (ganzjährig täglich 8:30 bis 17:00 Uhr, im Juli und August bis 18:30 Uhr).

Weiter mit Autobus Linie 10A (Bischoffgasse – Johnstraße) und U-Bahn Linie 3 (Johnstraße – Herrengasse).

Station 1: Hofburg/Silberkammer (Hofburg: Innerer Burghof, 1010 Wien, siehe Seite Seite 71).

Sisi-Museum und Kaiserappartements mit vielen persönlichen Gegenständen aus dem Besitz des Kaiserpaars (September bis Juni täglich von 9:00 bis 17:30 Uhr, Juli und August täglich von 9:00 bis 18:00 Uhr).

Weiter ca. fünf Minuten zu Fuß.

Station 2: Kaiserin-Elisabeth-Denkmal im Volksgarten (Burgring 1, 1010 Wien).

Skulptur, die im Jahr 1907 im Beisein von Kaiser Franz Joseph enthüllt wurde (bei freiem Eintritt von 1. April bis 31. Oktober von 6:00 bis 22:00 Uhr und von 1. November bis 31. März 6:30 bis 19:00 Uhr).

Weiter mit Straßenbahn Linie D (Burgring – Kärntner Ring/Oper).

Station 3: Augustinerkirche (Augustinerstraße 3, 1010 Wien). Als ehemalige k. k. Hofkirche Ort der Vermählung der damals 16-jährigen Sisi mit dem um sieben Jahre älteren Kaiser Franz Joseph im Jahr 1854 (bei freiem Eintritt ganzjährig täglich von 8:00 bis 18:00 Uhr).

Weiter mit U-Bahn Linie 1 (Karlsplatz – Stephansplatz).

Station 4: Kaisergruft (Tegetthoffstraße 2, 1010 Wien). Elisabeths letzte Ruhestätte nach ihrer Ermordung in Genf im Jahr 1898, aber auch die von Kaiser Franz Joseph und Kronprinz Rudolf und ca. 140 weiteren Mitgliedern des Kaiserhauses (ganzjährig täglich von 10:00 bis 18:00 Uhr).

Weiter mit U-Bahn Linie 1 (Stephansplatz – Karlsplatz), U-Bahn Linie 4 (Karlsplatz – Hietzing) und Straßenbahn Linie 60 (Hietzing – Speising/Hermesstraße).

Ende: Hermesvilla im Lainzer Tiergarten (Hietzing-West/ Hermesstraße, 1130 Wien, siehe Seite Seite 27).

Sisis Rückzugsort inmitten eines kaiserlichen Jagdgebiets, Wohnräume können besichtigt werden (von März bis November 10:00 bis 17:00 Uhr, an Montagen geschlossen).

Weitere mögliche Stationen auf der Sisi-Route sind die

Wiener Staatsoper (Opernring 2, 1010 Wien, Termine für Führungen sowie Spielplan unter www.wiener-staatsoper.at) mit Sisis „goldenem" Teesalon im historischen Trakt sowie zahlreiche *k. k. Hoflieferanten* – etwa der *Hofzuckerbäcker Demel* (Kohlmarkt 14, 1010 Wien), zu dem Sisi gerne naschen ging, oder der

Schneider Jungmann & Neffe (Albertinaplatz 3, 1010 Wien), der in seinem Salon der Kaiserin neue Kleider nähte.

Anhang

Quellen

Stand aller Internetquellen: 1. 1. 2015

Allgemein:
Knapp, Rittberger, Stampach, Steinweg: Bussi Bussi, Verlag Rittberger + Knapp, Wien 2013
Smith, Duncan J. D.: Nur in Wien, Brandstätter Verlag, München 2012
Pichler, Martina und Traude: Verliebt in Wien, Steirische Verlagsgesellschaft, Graz 2004
Farthofer, Andrea und Ferner, Max: 111 Gründe, Wien zu lieben, Schwarzkopf & Schwarzkopf, Berlin 2013
Sternthal, Barbara: Romantisches Wien, Pichler Verlag, Wien 2011
www.wikipedia.at
www.aphorismen.de
anno.onb.ac.at
www.wien.info/de/sightseeing/
www.viennatouristguide.at
www.planet-vienna.com
www.city-walks.info
www.wien.gv.at
www.vienna.at
www.yelp.at
www.stadtbekannt.at
austria-forum.org
www.restauranttester.at
www.wienerlinien.at/eportal2/

Das „Schloss der Träume" im Lainzer Tiergarten
www.lainzer-tiergarten.at
www.hietzing.at/Leben/leben_detail.php?id=287

Der Engel vom Wilhelminenberg
Hasmann, Gabriele: Spuk in Wien, Verlag Ueberreuter, Wien 2014
www.burgenkunde.at/wien/w_schloss_wilhelminenberg/w_schloss_wilhelminenberg.htm
www.stadt-wien.at/reisen/burgen/wilhelminenberg.html

Am Cobenzl dem Himmel so nah

Hasmann, Gabriele: Spuk in Österreich. Unheimliche Orte und mysteriöse Begegnungen, Verlag Ueberreuter, Wien 2012

Köppen, Ludwig: Mozarts Tod: ein Rätsel wird gelöst, Ludwig Köppen Verlag, Köln 2004

Havas, Harald: Kurioses Wien, Metroverlag, 2010 Wien

www.cobenzl.at/schloss/geschichte

www.himmel.at/new/index.php/SisiKapelle/

www.derwilhelmshof.com/blog/blick-uber-wien-vom-cobenzl/

www.cobenzl.at/schloss/cafe

... und andere tolle Ausblicke über die Dächer von Wien

www.kahlenberg-wien.at

Mondscheinpicknick auf der Alten Donau und Nacktbaden in der Lobau

www.wien.info/de/sightseeing/gruenes-wien/wien-per-schiff-und-boot

Rebenwandern in den Wiener Weingärten

www.beethovencenter.at/Materialien/beethovengang.htm

Fernöstliche Gartenkunst in der Parallelwelt des Setagayaparks

Smith, Duncan J. D.: Nur in Wien, Brandstätter Verlag, Wien 2005

Flowerpower am Stadtrand – die Blumengärten von Hirschstetten

www.hirschstetten.info/thema.php?kthema=res

www.wien.gv.at/umwelt/parks/blumengaerten-hirschstetten/

www.wien.info/de/sightseeing/gruenes-wien/blumengaerten-hirsch-stetten

... und weitere Geheimtipps für Verliebte

www.buechereien.wien.at/de/standorteoeffnungszeiten/hauptbue-cherei

www.liliputbahn.com/donaupark.htm

Wo die Habsburger reiten lernten – die Spanische Hofreitschule

www.lipizzanerzuchtverband.at/html/body_der_lipizzaner.html

Meister Puchsbaum und der Sturz vom Stephansdom

Hasmann, Gabriele und Kunze, Gerhard: Das magische Wien, Amalthea Verlag, Wien 2014

Schloss Schönbrunn – Jenseits der höfischen Etikette

Kunze, Gerhard: Tiergarten Schönbrunn – Zoo der glücklichen Tiere, Verlag Holzhausen, Wien 2005

Vandenberg, Philipp: Die Frühstücksfrau des Kaisers – Vom Schicksal der Geliebten, Verlag Bastei Lübbe, Köln 2007

www.hietzing.at/Bezirk/geschichte2.php?id=149

www.schoenbrunn.at/wissenswertes/der-schlosspark/rundgang-durch-den-park/roemische-ruine.html

... und weitere erhabene Bauwerke mit Flirtfaktor
gad.twoday.net/topics/LOCATION/

www.martinschlu.de/kulturgeschichte/klassik/brentanoarmin/bettina/1810.htm

immobilien.diepresse.com/home/oesterreich/1556612/Rossau_Unterwegs-mit-der-Stadtspionin?_vl_backlink=/home/oesterreich/1311119/index.do&direct=1311119

Habsburger-Romantik im Keller
www.bda.at/text/136/1591/11077

Auf den Spuren der Künstler und ihrer Musen
diepresse.com/home/kultur/kunst/734693/Klimt-wem-er-schrieb-und-wen-er-kusste

www.richardstrauss.at/strauss-und-die-familie.html

nestroy.at/biographisches/biogr_lebenslauf.html

Liebesschlösser – Import eines bezaubernden Brauchs
liebesschloss.at/Liebesschloesser-in-Wien

... und weitere Geheimtipps für Verliebte
www.meinbezirk.at/wien-11-simmering/chronik/der-froschkoenig-brunnen-von-gottfried-kumpf-am-simmeringer-platz-hat-es-birgit-schall-angetan-m4404875,594761.html

Der Michaelerplatz – von der Lagervorstadt zum Lustgarten
Pirntke, Gunter: Aufstieg und Fall der Kaiserin von Österreich, Eigenverlag, München 2013

... und weitere romantische Gassen und Innenhöfe im Zentrum
www.walkinginside.at/wp-content/uploads/2013/04/E_Kurzbeschr.Innenh.St-Stephan-V3.pdf

Die beschaulichsten „Grätzl" von Wien
diepresse.com/home/panorama/oesterreich/467554/Servitenviertel_
    Das-kleine-Dorf-in-der-Stadt
www.touristguides-austria.at/de/publikationen/barock_wiener_lust.
    pdf
www.wildurb.at/wege/mi-song-marcel

... und weitere romantische Gassen und Innenhöfe im Zentrum

Giacomo Casanova in Wien
gutenberg.spiegel.de/buch/erinnerungen-604/4
www.stadtbekannt.at/Die-Keuschheitskommission/
www.weltwoche.ch/ausgaben/2005–25/artikel-2005–25-mehr-als-
    ein-don.html
peter-kratochvil.de/francesco_pk.htm

... und weitere Geheimtipps für Verliebte
Havas, Harald: Kurioses Wien, Metroverlag, Wien 2010
derbagger.org/artikel/geheime_orte_in_wien

Der Prater als historischer Stadtwald und beliebter Vergnügungspark
Hasmann, Gabriele und Hepp, Ursula: Spuk in Österreich,
    Ueberreuter Verlag, Wien 2012
Lord und Lady auf der Trabrennbahn
www.krieau.at
Zeitschrift „Wiener Caricaturen", 20. Mai 1917, Seite 6

... und weitere Vorschläge für Spaß und Spannung
www.schokomuseum.at
www.prontophot.at/standorte/wien
www.boheme.at/index.php?mod=Spittelberg

Der Friedhof der Namenlosen und eine mysteriöse Liebesgeschichte
Bieberger, Christof, Gruber, Alexandra und Hasmann, Gabriele:
    Spuk in Wien, Ueberreuter Verlag, Wien 2004

Die Armensündergässchen von Wien
Hasmann, Gabriele und Hepp, Ursula: Spuk in Österreich,
    Ueberreuter Verlag, Wien 2012

... und weitere Orte zum gemeinsamen Gruseln
Hasmann, Gabriele: Spuk in Wien, Ueberreuter Verlag, Wien 2014

Das Sixties-Kino mit Hippie-Charme
www.gartenbaukino.at/das-kino/die-geschichte-des-kinos.html

Und Leichen pflastern ihren Weg
Hasmann, Gabriele und Kunze, Gerhard: Das magische Wien, Amalthea Verlag, Wien 2014
www.limes-oesterreich.at/php/site.php?ID=374

... und weitere Geheimtipps für Verliebte
Hasmann, Gabriele und Hepp, Ursula: Geisterjäger – Auf den Spuren des Übersinnlichen, Ueberreuter Verlag, Wien 2009
www.wienerzeitung.at/themen_channel/wissen/geschichte/247942_Die-grausame-Herrin.html
www.engelmann.co.at/kunsteisbahn.html

Malerische Gast- und romantische Schanigärten
kurier.at/lebensart/genuss/die-schoensten-schanigaerten-2014/9.499.018/slideshow

Romantische Altwiener Kaffeehäuser
www.checkfelix.com/blog/2010/10/die-5-besten-wiener-kaffeehauser/
www.hawelka.at/cafe/de/
www.prueckel.at
www.caferitter.at
cafehummel.at

Die schönsten Heurigen für Verliebte
wien-reise.info/geniessen/aktiv/wolfuehlen/
www.sirbu.at/Heuriger-Sirbu-Geschichte

Moderne und historische Lokale mit Kultstatus
diepresse.com/home/leben/ausgehen/3807120/Zum-Roten-Baeren
www.marina-restaurant.at
www.griechenbeisl.at
www.piaristenkeller.at

Hotels für sinnliche Nächte in Wien
www.hotel-orient.at
pagewizz.com/der-fall-maria-schmidt-ein-vampir-mordet-im-herzen-von-30711/
www.kaiserhof-wien.at
www.altstadt.at

Geheimtipps von Wien-Kennern
www.walkinginside.at/wp-content/uploads/2014/05/Anna-und-die-
  Kaffeehäuser_König-von-Ungarn.pdf

„Before Sunrise" – auf den Spuren von Jesse und Celine
www.movie-locations.com/movies/b/BeforeSunrise.html#.
  VG9u82ctAy9
surprisetours.at/1477/before-sunrise-film-tour-vienna/

Der Klassiker für Romantiker: Eine Fiakerfahrt
Hasmann, Gabriele und Kunze, Gerhard: Das magische Wien,
  Amalthea Verlag, Wien 2014

Die schönsten Innenhöfe Wiens
www.walkinginside.at/wp-content/uploads/2013/04/E_Kurzbeschr.
  Innenh.St-Stephan-V3.pdf

Unterwegs mit Kaiserin Sisi
www.vienna-guide4you.com/cms/fuehrungen/kaiserin-elisabeth.
  html

Danksagungen

Für die Hilfe bei der Recherche:
Sabine Piribauer

Für Tipps von echten Wien- und Romantikkennern:
Isabella Ambichl-Fischhof
Gerhard Kunze
Ralph Huber
Gabi Hroudny
Petra Prasser
Julia Ehrlich
Stefan Stix
Verena Minoggio-Weixlbaumer
Johannes Kößler
Marion Schiller
Alexandra Gruber

Für die Bereitstellung der Infos zum Lokal Tel Aviv Beach:
Gerhard Kunze